評伝 九津見房子
～凛として生きて～

堀 和恵

郁朋社

17歳の頃　明治40年
（『九津見房子の暦』思想の科学社刊　より転載）

左　一燈子　右　慈雨子
大正7、8年頃
（『母と私』築地書館刊　より転載）

右端　一燈子　12歳　大正15年秋
右から二番目　鍋山歌子
阪神電鉄野田駅にて『無産者新聞』を売る
（『母と私』築地書館刊　より転載）

九津見房子　近藤真柄　大竹一燈子
昭和８年初冬　九津見出所後　5、6ヶ月後　麹町にて
（坂東和子氏提供）

昭和45年頃　九津見80歳頃　神楽坂の自宅にて
（生方卓氏提供）

はじめに

九津見房子という人物を知った時、私は驚いた。

九津見は稀代の悪法「治安維持法」を、女性としてはじめて適用された人であった。検挙されて拷問を受け、有罪となりその後札幌刑務所で刑に服した。しかも検挙された時、一四歳の娘も一緒だったというのだ。一九二八年（昭和三年）のことである。

そして後に「ゾルゲ事件」にもかかわり、投獄されている。一九四一年（昭和一六年）のことである。獄中生活は、通算して一〇年を超えている。

母としての九津見の心には、どんな思いがあったのだろうか。また、娘は……。「治安維持法」では、特高による凄惨な拷問がおこなわれたという。考えただけでも、私はゾッとしてしまう。ましてや、娘も同じ留置所に囚われているとしたら……。

私にも娘がいる——同じ娘を持つ母として、この母と娘の、心の有り様を辿ってみたいと思った。そして、九津見の一〇年もの獄中生活を支えたのは、どんな思いであったのだろうか。

そして一つの疑問が湧いてくる。はたして九津見は、一説にあるように、日本の国の情報を流し、戦争へと導いた売国奴だったのであろうか。

彼女の人生を貫いてきたのは、いったい何だったのだろうか。


また私は前著で『評伝　管野須賀子』を書いている。九津見は家出をして、福田英子《ふくだひでこ》の家で世話になる。「社会主義の村」といわれていた現在の新宿の一角で、管野の家は福田の家のすぐそばであった。朝夕、管野は福田に声をかけていたという。その時、九津見房子一七歳、管野須賀子二六歳であった。

後に管野は「大逆事件」で死刑となる唯一の女性となった。そして九津見は女性として「治安維持法」をはじめて適用される。この二人が同じ街で暮らしたのは、わずか数ヶ月にすぎないが、私には何か深い縁《えにし》が感じられるのだ。

管野が生きた時代は、日露戦争の後、言論が封殺されていく重苦しい時代であった。

そして九津見が生きた時代は、多くの犠牲を伴ったあの太平洋戦争へと、日本がひた走っていった時代でもあった。

今現在、再び暗い時代がしのびよってきているように思える。

私は九津見房子と、そして娘の人生を訪ねながら、現在の日本という国の姿を確かめてみたいと思う。

「共謀罪法」が生まれた現代、再び戦争への足音が聞こえてくるような気がしてならないのだ。

※人物の年齢は満年齢で表記している。

評伝　九津見房子／目次

第一章　煩悶の中で

（1）道を求めて

東京二〇一九年——二人の孫

私は二〇一九年秋、神楽坂駅にいた。なだらかな坂を下ると、和菓子やお惣菜、しゃれた本屋が並んでいる。新しさと古き良き町並みが渾然となった通りは、多くの人で賑わっていた。

路地に入ると古い二階建てが見えた。喫茶トンボロだ。長年使われてきた住まいを、しゃれた店に改造したものだった。

この家で、九津見房子は昭和の中頃に長く暮らしていた。そして穏やかな笑顔で私を迎えてくれたお二人も、ある時期、この家で暮らしていたという。九津見房子の孫である、生方卓《うぶかたすぐる》さんと坂東和子さんである。

コーヒーを手にするお二人からは、激しく生きた九津見を想像することは難しい。

歳で郷里を飛び出した九津見は、一路この東京を目指したという。

私は激動の時代を生きた九津見の足跡を、是非とも辿ってみたいと思った。そしてこのお二人には、どのような想いが受け継がれているのだろうか。

家老の家に生まれて

九津見は一八九〇年（明治二三年）一〇月一八日、岡山市弓之町《ゆみのちょう》で生まれた。実家はかつては勝山藩の家老を務めた旧家である。今は中国勝山という駅で、姫路から中国山地にわけ入り新見《にいみ》の町にいたる、姫新《きしん》線のなかほどにある。山に囲まれてはいるが、旭川がゆったりと流れていた。

九津見の祖母はるは、二刀流の剣術と柔を心得ていた。若くして夫を亡くし未亡人となる。この祖母の実家が、国家老の武家屋敷であった。表庭には見事な這松があり、その庭に面した座敷は「上段の間」であった。かつては藩主が訪問される時のために、いつも整えられてあったという。

はるは一人娘、うたを産んだ。うたが九津見の母となるのだが、母もまた亥年生まれのきつい人であった。うたは内藤又夫を養子に迎えたが、九津見がお腹にいる時から、岡山医学専門学校の産婆看護婦養成所に入学して、産婆となった。そして岡山市弓之町で産婆の看板をかかげて働いた。家事と育児は祖母のはるが引き受けた。やがて九津見が三歳の時に、父が追い出される形で両親は離婚している。祖母、母、そして九津見の女所帯であった。

九津見は近くにある、カトリックの天主公教会の幼稚園に入った。幼い九津見はだだをこねたりしていたが、フランス人の修道女はたいそうかわいがってくれた。九津見はこの幼稚園に行くのが大好きであった。

「お祈りとは、神様とお話をすることです」という修道女の言葉に、コクリとうなずく九津見であった――このカトリックとの出会いが、九津見の人生を方向づけることとなる。カトリックの祈りで大切にされるのは、口から出る言葉と心の一致であった。「隣人を自分自身のように愛しなさい」という言葉はやがて、九津見の「核」となっていくのだった。

だがある時、九津見は赤痢にかかってしまう。家の門には縄が張られ、出入りは遮断された。九津見をかわいがってくれた修道女は、縄をくぐって家に入ってきた。

「房子さんはもう死ぬから、ゼウスさまのところへ行かれるように、洗礼を受けさせなければいけません」と修道女はいった。士族かたぎで、仏教と神道のコチコチの祖母は怒って、「とんでもない、帰ってくれ!」といった。修道女も「どうしても帰りません!」と頑張った。自分は極楽に行くつもりの祖母は、あの世で孫娘と別れ別れになってなるものか、と大げんかをしたのだ。このけんかで九津見の家は教会と断絶をしてしまった。その後、九津見は教会へも幼稚園へも行けなくなり、岡山師範の附属小学校に入学することになった。

後年、九津見自身、幼い頃に接したキリスト教の教えが、自分の心の土壌にあると感慨深く語っている。

女学校で

この頃は小学校四年、高等科は四年であった。高等科二年から女学校の試験が受けられるので、九津見は岡山の県立女学校を受験し上位で入学した。

こんな話がある。急に試験をするといわれてみんなが困ったことがあった。準備をしていないのに、いきなりじゃ困るというので「九津見さん、行ってきて！」といわれて、九津見は抗議のプリントを刷り、教員室に持っていき先生たちの机に一枚一枚置いてきたのだ。

「みんなのために働く」ということは、すでに九津見の行動原理となっていた。

昔かたぎの祖母や、職業婦人としてなかなか厳しい母との生活の反動か、女学校のクラスでは九津見は大いにお茶目であった。地元の新聞に「驚くべし、婦徳を積むべき女学生数人、ボートに乗り興じ……」と書かれると、その中にも九津見がいて、油をしぼられたりもした。

また母うたと同じ世代の福田英子を知ったのもこの頃だ。母にとっては「国事犯の女の人」という印象だったが、福田のような人物がこの郷里岡山から出たことは、大きな驚きであった。そして九津見にとって、福田は終生の憧れの的となった。

福田英子は一八六五年生まれ。一九歳で家出をし、大阪に出た。演説に触発され、自由党に接近。翌年二〇歳の時に、大阪事件で逮捕され、投獄されている。この時福田は、隣国朝鮮の独立党の朝鮮改革運動に共鳴し、ともに民権のために闘おうとしていた。そしてそのためと考え、爆発物運搬などに協力していたのだ。

九津見が女学校の一年の頃である。大前信三という親戚の青年が家に同居することになった。この青年が堺利彦の訳したベラミー著『百年後の新社会』を持っていたのだ。九津見がこの本を借りて読んだのが、彼女の社会主義思想への目覚めとなった。

また大前は医学生でもあり、「部落」の人たちを助けていた。当時は部落解放運動もない頃で、大前が独自にやっていたのだ。岡山市の郊外に部落があった。部落の人たちは貧しく、気の毒な生活をしていた。大前は病気の治療や教育の手伝いをしていた。そしてオルガンを買って、子どもたちに歌や遊戯を教えたいので、日曜日に来ないかと九津見をさそった。

九津見は出かけた。そしてその辺にいたお百姓さんに道をたずねてみた。

「あんた、それは新平さん（新平民を表す）のおられるところぞ！」とお百姓さんはいった。一四歳の九津見が知らずにそこへ行くことを注意してくれたのだ。だが九津見はこう毅然と答えた。

「そこへ行くのです」

山川均との出会い

一九〇六年（明治三九年）、九津見は一六歳になっていた。女学校へ行くのには正覚寺という寺を抜けていくのだが、秋のある日、一枚の貼り紙があった。寺の本堂で座間止水《ざましすい》という人の社会主義講演会があるというのだ。

学校の帰りに袴をはいたまま、会場へ入ろうとすると、「こんなところへ子どもは来るもんじゃない！」と警官に止められた。それで九津見は家へ駆けて帰って、袴をぬいで前掛けをしめて引き返した。そして警官に、場違いな人間のほんの気まぐれという顔つきでいってみた。「なんの話か、聞かしてつかあさらんか?」。すると今度は入れてくれたのだった。会場には、九津見のほかには女の聴衆は一人もいなかった。この講演会で九津見は山川均をはじめて知った。

山川均は一八八〇年（明治一三年）岡山の生まれ。同じ岡山生まれの森近運平《もりちかうんぺい》が作った「いろは倶楽部」に一時関係していた。当時、東京では堺利彦や幸徳秋水らが社会主義の宣伝活動を活発にはじめており、それに影響されて各地に小グループができていた。

山川は自伝の中でこう記している。

私もいろは倶楽部の人たちと、やっとのことで正覚寺というお寺を講演会の会場に借り、市中に数千枚のチラシをまいたが、当日の聴衆はわずか一五、六人で、それも半分は、いろは倶楽部の人たちだった。お寺の門の前に警官ががんばっているのを見て、引きかえした人も多かったが、それにひきかえ、聴衆の中に一人の女学生がいるのが目についた。その人は九津見房子といって、家は岡山市の産婆さんだった。

山川はこの時、二六歳だった。二〇歳の頃東京で『青年の福音』という雑誌を出していた。そこに皇太子の結婚事情について書いた論説「人生の大惨劇」が不敬罪に問われ、重禁固刑三年半を受けた。不敬罪が適用されたのは山川がはじめてであった。そして出獄後、岡山に戻っていたのであった。山川の姉の嫁ぎ先が県下一の薬屋、林源十郎であった。山川はその支店の二階に住み、仕事を手伝っていたのだ。

九津見は講演会の差配をしていた山川に話しかけてみた。すると山川は、座間止水が岡山駅前の旅館に泊まっているから、明日の朝、そこに来るようにいった。九津見は翌朝、出かけてみた。するとそこには山川の置き手紙があった。

都合で座間さんは早くたったから、今後、林源十郎支店へ連絡して下さい。

ミス・ソシアリストへ

「ミス・ソシアリストへ」というのは、自分のことだ。なぜか、九津見は体中が熱くなってきた。この瞬間が、九津見の人生を決定づけるのである。

（2）東京へ、そして挫折

九津見、東京へ

それから九津見は女学校の友人、霜山楳《うめ》乃、松原静枝、岩根銀にもこの話をした。三人は「一緒に行きましょう」といってくれた。そして連れ立って山川の店に行ったり、気がねのいらない友人の家に山川を招いてその話を聞いた。

山川は端正な青年だった。縞の着物に前だれという番頭姿で、世の不正、腐敗を鋭く衝き、理想社会の到来すべきことを語った。また、不敬罪で投獄された時の話もしてくれた。明治天皇の皇太子妃のありようを「自身の意志に反して結婚を決められ、惨殺される乙女の死骸」という激しい表現で論じたのだった。山川は「今こそわれわれの力を中央に集中して働かなければならない」と頬をそめていった。

山川はこの頃創設された日本社会党の機関誌の編集委員として、幸徳秋水に招かれていた。そしてその上京の日も決めていたのだ。九津見は三年の刑を受けたにもかかわらず、再び正義のために献身しようとする山川に、理想の人間像を見た。

山川は正覚寺の演説会の一ヶ月後、岡山をたった。そしてその数日後、九津見もまるで山川の後を追うように、母に無断で家を出たのである。目指したのは、東京の福田英子の家である。その手には、一学年上の友人霜山楳乃に用意してもらった福田女史への紹介状があった。

「力を中央に集中して」の一言が繰り返し、九津見の体の中を駆けめぐっていた。「社会主義によって世の中を良くしたい」——これが九津見の人生の目標となった。

一二月半ばの寒い朝、九津見は張りつめた顔で岡山駅のプラットホームに立っていた。紫の絣の銘仙の着物と羽織、えび茶の袴に白足袋そして下駄という姿だった。母には学校へゆくと思わせ、当座の着がえの包みだけを持つという姿だった。松原静枝と岩根銀も登校前の姿で見送りに来た。

途中、九津見は大阪で社会主義へと自分を目覚めさせてくれた大前信三と会うつもりだった。だが、大前は留守であった。そして大阪駅に戻り、夜遅い汽車を待っていた。

すると膝の上に何か小さなビラが落ちてきた。そのビラの「社会主義の話」「普通選挙の話」の見出しを見て、はっとして顔を上げるとそこには山川が立っていた。

「まだ大阪にいらしたんですか？」九津見は驚いていった。
山川は不敬罪に問われた頃の友だちが大阪にいるので、幾日か大阪に滞在してこれから東京にたつところだという。山川はこう書いている。

夜行に乗るつもりで梅田駅にゆくと、待合室の内も外も乗客でいっぱいだった。発車にはまだ時間があったので、私はかねて用意して来たいろは倶楽部の宣伝ビラを乗客に配って歩いた。すると思いがけなく、人ごみの中から正覚寺の講演会の女学生、九津見房子さんが現れた。将来の方針について母親の同意がえられぬため、家を飛び出し、福田英子をたよって上京するところだった。

九津見は残してきた母のことを思うと気持ちが沈んだ。だが「福田を頼って上京したい」と相談しても、母は手放してはくれなかっただろう。
暗闇の中、汽車は東京を目指して轟音をあげていた。並んで座る山川との話は、心躍るようだった。いつしか九津見は山川の肩に頭をあずけて眠ってしまった。

福田英子の家で

福田の家は、今の新宿駅近くの淀橋の角筈《つのはず》七三五番地にあった。生垣のはずれに田んぼがあり、さびしい所だった。

「私は岡山から来ました。先生のお名前はかねて聞いていました。山川さんや座間止水さんのお話も聞いています。堺さんの本も読んでいます」

九津見は福田の眼をまっすぐに見ていった。

「お上がりなさい」と、すぐに九津見は受け入れられた。

福田は早くから自由民権運動に身を投じ、入獄もした女傑であった。自由民権運動がその勢いを失うと、社会主義に接近し『世界婦人』という月刊新聞を出そうとしていた。万朝報記者の福田友作と結婚し、三児をもうけたが福田が亡くなる。九津見が訪ねた時は、四一歳の未亡人であった。

この明治三九年の五月に福田は、足尾鉱毒事件の闘いの渦中にある田中正造に手紙を送っている。田中は栃木県谷中村に住み込んでいたのである。

男子は羨ましう御座います。着物の事や炊事の事に注意しなくても、誰も何とも言いませんが、女が汚穢な着物を着たり、また子供に着せて置きましたら、他人は何と評しましょう。ひきずり女といやしむではありませんか。老母と子供の世話もあり、また社会にも飛び出して生活の運動もせねばならぬという悲境、これだけ苦しみましたら、来世は必ず男子に生まれて居るでしょう。

福田は家事手伝いの人を谷中村でさがすことを、田中に再三にわたって依頼していたのだ。だから突然飛び込んできた、まっすぐな眼をした同郷の娘、九津見は福田にとってもありがたかったのだ。

近くの農家の一番鶏の鳴く声で九津見は飛び起きる。手桶を持って裏の共同井戸に走り、水を汲み台所の大きな水がめまで何回も運ぶ。かまどの下に薪《まき》をくべる。小学校に通う男の子二人を起こして食卓に向かわせた後、福田の目覚めの頃合いを見はからって、洗面用具を縁側にそろえる。

福田は念入りな化粧をした。練白粉を手にとり、のどから胸、うしろえりまで白くのばし、牡丹ばけで叩く。福田が手を洗うのを見とどけて九津見は、温めた牛乳のコップを運ぶ。福田は鏡の中の顔に満足し、ゆっくりと牛乳を飲んだ。

福田は帝国議会の議員に請願に行ったり、首相西園寺公望のところに陳情に行ったりした。大柄な上に念入りな化粧、なかなかの押し出しで、門衛や取次の者を圧倒した。福田は日曜日には、九津見を内村鑑三のところに伴った。また、議会につれていってくれることもあった。

その頃の角筈、柏木のあたりは林や畑が広がっていたが、安い家賃の借家が建っていた。堺利彦や幸徳秋水、荒畑寒村と管野須賀子らも近くに住んでおり「社会主義の村」といわれていた。『毎日電報』に勤める二六歳の管野須賀子は朝夕、福田宅に声をかけていった。颯爽とした新聞記者の姿は、九津見には眩しく見えた。

福田家の家計はやりくりの連続だったが、どこからか金が入ると、福田は手料理に腕をふるい「社会主義村」の連中にごちそうした。九津見は進歩的な人たちをおおぜい見知ることになった。

中でも石川三四郎が福田の家で開いていた『新紀元』の会が、九津見には印象深かった。これはキリスト教社会主義という派であった。この会では最初に賛美歌を歌い、おしまいには「社会主義の歌」を歌った。

富の鎖を解き捨てて　自由の国に入るは今
正しく清き美しき　友よ手を取り立つは今
わがⅡ身はつねに大道の　ソシアリズムに捧げつつ
（中略）
励むは近き今日の業　望むは遠き世の光

この歌をともに歌ったのは、九津見が一七歳の時であった。この歌詞を九津見は生涯忘れることはなかった。

岡山へ戻る

九津見は女学校の卒業を目前に東京へ飛び出してきていた。ある日、女学校の担任教師が上京し、福田の家を訪ねてきた。「一緒に帰って、せめて三月の卒業式をすませてから出直してはどうか」といった。九津見はがんとして聞き入れなかった。

一九〇七年（明治四〇年）三月、幼い時に別れた父が亡くなった、という報せが届いた。父の兄が報せてくれたのだ。父は大酒を飲み続けており、脳軟化症となり五三歳で亡くなったのだった。ついに九津見は父の葬儀に出席するために岡山に帰ることにした。離婚していた母は葬儀には来なかった。そしてそのまま、九津見は福田家に戻ることはなかった。別れる時、福田はこういった。

「いにしえは社会主義者じゃったが、今はだめになった、といわれんようにして、つかあさい」――この言葉は九津見の心に深く刻まれた。

この時、父が亡くなっていなかったら、東京にいた九津見はおそらく「大逆事件」（注1）で幸徳や管野とともに逮捕されていたであろう。もし、そうならなかったとしても、堺や荒畑がつかまった「赤旗事件」（注2）には確実に巻き込まれていたであろう。

祖母は数年前にこの世を去っていた。九津見は弓之町での、母との二人暮らしに戻った。母の身のまわりを手伝ったり、家を守る役にまわった。しかし母には内緒で、「いろは倶楽部」の人びとと連絡をとった。「大逆事件」で処刑された森近運平の家を訪ねたのもこの頃だった。森近の弟が送ってくれた。

山川は一九〇八年（明治四一年）五月、日本女医学校の生徒だった大須賀里子と結婚していた。だが一ヶ月後の六月、「赤旗事件」で逮捕され二年の刑期を千葉監獄でおくった。入獄中から妻里子が病に罹り、出獄後は岡山に戻って妻の看病をしていた。九津見はその頃の山川にも会っている。

このような交流に目をつけられたのか、九津見は「甲号要視察人」となった。日常生活を警察の監視下におかれる立場となったのである。九津見には尾行がついた。

やがて四年の歳月が流れた。母は腎臓病を患うようになっていた。そして、一九一一年（明治四四年）、母うたは四八歳で亡くなるのだ。

九津見が母の遺骨を勝山の墓に納めて帰宅すると、驚いたことに家の家具類がすべてなくなっていた。家主は、産婆として暮らしを立ててきた母うたが亡くなったからには、もう若い「女社会主義者」には住んでもらいたくなかったのだ。家具が移されていたのは、母の親しい友人の家だった。おそらく母は、自らの病気の見通しをつけ、一人残る娘の将来をこの友人に頼んでいたのであろう。

九津見はやむなく母の友人宅のやっかいになった。だがこの家の人はしきりに九津見を嫁入りさせたがった。しかし、相手さがしはなかなか難しかった。九津見には尾行もついていたのだ。そこで母の友人は、「いっそアメリカに移住している人なら気にしないかもしれない」と、アメリカへの嫁入りの話をすすめてきたのだ。

この時期、九津見は遠く離れた東京で、管野須賀子が処刑されたことを知った。毅然と処刑台に昇ったであろう管野を思うと、自分の周りの空気だけが重く澱んでいるような気がした。

九津見はもんもんとしていた。自活の方法もなく、この家のやっかいになっている。それなのに「何かを求める気持ち」の火は消えてはいない。

九津見はいとこの木田茂に相談してみた。木田はこういった。

「僕が兄事《けいじ》している同郷のキリスト者、高田集蔵《しゅうぞう》のところに行ってみないか」

高田集蔵のもとへ

高田集蔵は一八七九年（明治一二年）、岡山の勝山に生まれた。九津見とも親戚関係にあった。東京専門学校法律科を中退した後、内村鑑三の感化を受け洗礼を受ける。しかしキリスト教だけでなく、仏教、神道、儒教などの多様な宗教に通じた博学の思想家であった。「大自然に許されて生きる」という一燈園の西田天香《てんこう》の友人でもあった。

九津見はひとすじの望みをかけて、一年近く世話になっていた家を飛び出し、大阪の中河内郡の瓜破《うりわり》村に住む高田のもとに向かった。一九一二年（大正元年）、九津見二二歳の時である。

村の近くには大和川が流れ、背後には葛城の山なみが見えた。果樹園や野菜畑の多い豊かな農村だった。高田は郷里から出てきた妹のくらと住んでいた。二人とも木田からの手紙で、九津見を心待ちにしていた。九津見はやさしく迎え入れられた。

高田は正統派のキリスト教の奥さんと結婚していた。奥さんは大阪のウィルミナ女学校の先生だった。しかし高田の思想に仏教が入ってくると、怒って二人の男の子を連れて家を出ていってしまった。高田が旅に出ている間のできごとだった。

九津見が瓜破にやって来たのは、そのことがあってからまだ日の浅い頃であった。高田自身も心に大きな傷をかかえていたのである。高田は朝夕の食前の祈りには、九津見の心の痛手がいやされることを願ってくれた。また河内のやわらかな風景は、こわばった九津見の神経をやすめてくれた。しだいに九津見は高田の思想にひかれていった。

高田は印刷機を買い、自分で印刷製本をして、全国の読者に『村落通信』を送っていた。タブロイド版で二ページから四ページ、寄稿の多い時は八ページのこともあった。物資の都大阪を背景にして、高田は予言者のような道を説いたのだ。その文章は求道の志がある青年を魅了していた。またその送付先は宗教家や思想家、社会主義者にまで拡がっていった。

九津見はこの瓜破の家に落ち着き、台所仕事や掃除、また印刷の手伝いもした。できあがった印刷物に切手貼りをし、また一緒に郵便局へ運びなどするうちに、高田と九津見の距離は縮まっていった。妹のくらは、すでに勝山に帰っていた。

一九一三年（大正二年）、高田と九津見は結婚をした。高田三四歳、九津見二三歳であった。

破局

一九一四年（大正三年）に長女、一燈子《ひとこ》が生まれ、その二年後には次女、慈雨子《じうこ》が生まれた。二人とも宗教的な意味合いを持った名前で、高田がつけた。この頃写真館で撮った一枚の写真が残っている。画面の背景は、西洋館風の窓があるという感じにしつらえられているが、高田と九津見の身なりは貧しいものだ。幼い一燈子を抱いて椅子にかけた九津見は、木綿の綿入れだけで羽織も着ていない。しかし疲れてはいても、その美しさははっきりとわかる。高田の着物のふところはひどくふくらんでいる。本を一、二冊入れているのだ。素朴な「聖家族」とも見えるような生活は、貧しいが幸せなものだった。

「神よ、あなたへの奉仕を続けるために、この食事を祝福してください。アーメン」という家族そろっての食前の祈りは、幼い子らの心に刻まれた。

だがこの生活は長くは続かなかった。『村落通信』の収支は苦しくなっていった。その上、高田の思想に共鳴してこれまで援助してくれていた友人が、病で亡くなった。

九津見は晩年の対談で、こう語っていた。

高田は自分では苦労して働くのではなく、神のおぼしめしで自然に生かされているというので、自分では働かないのです。怠け者というのではありませんが、旅へ出ていって放浪して歩いているのです。仏教のことばでいう「御同朋御同行《おんどうほうおんどうぎょう》」、同じような信仰に立つ友だちを訪ねていって、同じ信仰を喜びあうのです。旅に出ると、どこへ行ったのか、ゆくえがわからないのです。

「焚くほどは風がもてくる落ち葉かな」の思想で、自分が「生かされる」ならば、新聞発行の仕事は続くだろうし、それが続かないということはこの仕事が必要ないということだ、というのです。

次女が生まれた翌一九一七年（大正六年）、一家は『村落通信』の読者、吉田庄七を頼って上京した。吉田は東京府立第七中学校の教師をしており、宗教的に高田に共鳴していたのだ。高田は書物の包みを振りわけに肩にかけ、長女の手をひいた。九津見は次女を背負い、着がえとおしめの風呂敷包みをさげて、東京へと向かう汽車に乗った。

吉田が紹介してくれた借家は、東京府下巣鴨《しもすがも》村の畑の中だった。家賃は四円。家賃と引っ越しの費用には、ちょうど集まった誌代をあてた。だが、高田にはこれからの何の生活の保障があるわけではなかった。高田を理解してくれる読者が東京には何名かいるというだけで、「暮らしを立てるだけの仕事はお断り」という高田が、たちまち行きづまるのは当然であった。

九津見の心はしだいに高田から離れていった。高田の宗教的な姿勢には魅かれてはいたのだが、二人の娘を持つ身にはまずは「生活」だった。

九津見は残り少ない自分の着物を処分しながら、二人の子どもの食料を手に入れた。しかも、放浪の旅に出た高田は一ヶ月も帰ってこない。質草もなくなり、借りられるところには借り尽くしたあげく、ついに九津見は決心した。

知り合いの口利きで、松屋呉服店のＰＲ雑誌『今様』編集部に勤めはじめたのだ。月給は二五円であった。朝弁当を三つ作ると、次女を背負い長女の手をひいて、池袋から水道橋まで電車で行く。そして二人の子どもを託児所に預けると、さらに神田今川橋まで歩いて勤め先に通ったのだ。

二人の娘をかかえての仕事は、本当に大変だった。しかし九津見はもう躊躇はしなかった。娘の手をぎゅっと握ると、真正面を見据えて歩いた。旅から戻ってきた高田は、九津見が勤めだしたことを知り怒った。だが九津見は経済的にもう夫をあてにすることはやめ、自立を目指していた。

一九二〇年（大正九年）、ついに高田と九津見は離婚した。その時、一燈子は六歳、慈雨子は四歳になっていた。


時代は動いていた――一九〇八年の「赤旗事件」、一九一〇年の「大逆事件」で主要な活動家を奪われ、社会主義は冬の時代を迎えていた。だが第一次世界大戦の進展とともに、社会主義の運動は再び活発化してきたのだ。

時代のうねりが、九津見と高田の別れを決定づけたといえる。「社会主義」という理想の言葉が、九津見の体中に満ちてきた。

一九一五年（大正四年）堺利彦は雑誌『新社会』を発行していた。また、大杉栄も『近代思想』を復刊した。そして一九一七年（大正六年）には、ロシアで起きた社会主義革命が成功していた。

かつて見知った人びとの鮮やかな復活は、九津見の目には眩しかった。

（注1）明治天皇暗殺を企てたとして一九一〇年（明治四三年）、幸徳秋水、管野須

賀子、森近運平らがとらえられ、うち一二名が死刑、一二名が無期懲役となった事件。現在では明治政府によるでっちあげであったことが、あきらかとされている。

（注2）一九〇八年（明治四一年）、赤旗をめぐって社会主義者と警官隊との間でもみ合いとなり起きた、社会主義者弾圧事件。管野須賀子、大須賀里子らも検挙された。大杉栄が重禁固二年半、堺利彦、山川均らが二年、荒畑寒村らが一年半となった。

第二章　闘いの中で

(1) 赤瀾会《せきらんかい》

社会主義の道へ

松屋呉服店の後、九津見は家でできる仕事として筆耕をはじめた。長女の一燈子は後にこう書いている。

母はいつも机に向かって筆耕の仕事をしていた。昼は窓ぎわに机を持っていき、夜は、電灯を低く下げ、その真下でペンを動かしつづける。いつまでもカサカサとなるペンの音を聞き、母の顔を見上げながら私たちは眠る。

遊び友だちもいなかったから、昼間は私は母のそばにすわって、書き上がった封筒を揃えたり数えたりして、私なりに手伝っているつもりだった。

大逆事件の後の社会主義の冬の時代、堺利彦の作った「売文社」は多くの社会主義者の物心両面の支えとなっていた。九津見も何度となく足を運んだ。堺はいつも、明るく暖かく迎えてくれた。堺は筆耕のできる九津見に、自分が訳した『共産党宣言』のガリ版を切ってみないか、と持ちかけた。実際にその原稿を持ってきたのは、三田村四朗だった。『共産党宣言』は秘密出版だった。九津見はこの仕事を引き受ける以上は、「覚悟」を決めた。そして社会主義の戦線に、彼女は一歩を踏み出したのだった。

一九二〇年（大正九年）四月、長女一燈子は尋常小学校に入学した。一燈子はえび茶色の袴をつけ、黒革の編上げ靴というハイカラな姿で登校した。長女の晴れ姿のために、母の九津見が必死で揃えたものだった。

だが、夏休みに入ってまもなく、父の高田がやって来て一燈子と妹を勝山の祖父母のところに連れていくことになった。一燈子は夏休みの宿題帳と色えんぴつを持っていくことにした。だが、その宿題帳は担任の先生に見せることはできなかった。この時から三年ほど、一燈子と慈雨子は親戚や知人の家を転々とすることになるのだ。社会主義への道を歩みだした九津見と高田の間でどのような話し合いがあったのだろうか。今はうかがい知れないが、子煩悩でもあった九津見の心には、深い葛藤があったはずである。だが一方で九津見には、目の前の世界が、拓けていくような予感もあったのではないだろうか。

赤瀾会

高津《たかつ》正道や三田村四朗らによって結成されたのが、暁民会《ぎょうみんかい》であった。学生、労働者が集まり、社会主義を目指そうとしていた。暁民会の事務所は、戸塚にある高津の家の二階で、いろいろな人が寝泊まりをしていた。九津見はこの集まりにしばしば参加するようになった。また、大杉栄の労働運動社へ勤めるようにもなった。

妻の大須賀里子を病で亡くした山川均は、大杉の開いた研究会で後に再婚することになる菊栄と出会っていた。菊栄は婦人問題の論客としてすでに活躍をし、堺の『新社会』にも評論を寄稿していた。やがて気鋭の理論家となっていく。

余談となるが、この山川菊栄と九津見房子は、二人とも一八九〇年に生まれ、一九八〇年に亡くなることとなる。またともに士族の娘であり、社会主義に興味を持ち山川均と出会った。だが、山川と出会った時、九津見は一六歳であった。「東京へ」という一途な思いで前のめりになっていた頃だ。そして菊栄が山川と出会ったのは、二六歳であった。この出会いの時期の違いが、二人の人生を違うものにしたのかもしれない。

ロシア革命（一九一七年）の成功の後、社会主義を理想とした人びとは、さまざまな渦や流れを作り出そうとしていた。一九二〇年（大正九年）五月には、日本ではじめてのメーデーが上野公園で開かれた。およそ五〇〇〇人の労働者が集まり、失業の防止や最低賃金制の確立などを訴えた。また同年一二月には、堺と大杉らが「社会主義同盟」を結成した。これは労働組合からも参加者があり、全国からの申込み者は三〇〇〇名に達した。

だが女性は「社会主義同盟」には、正式に入れなかった。そこで第二回メーデーに参加するために、女性だけの社会主義団体を作ろうという動きが高まった。そして、一九二一年（大正一〇年）四月に結成されたのが、「赤瀾会《せきらんかい》」である。日本初の女性社会主義団体である。会旗には黒地に赤で「R・W」と縫いつけられた。「赤いさざなみ」という意味である。この会の名前は九津見が提案したものだった。

この時九津見は三一歳であった。最年長者であった九津見が、会の届け出人となった。最年少者は堺利彦の娘、真柄一八歳であった。秋月静枝、橋浦はる子、仲宗根貞代、大杉栄夫人伊藤野枝、暁民会高津正道夫人多代子ら、会員は四〇名を超えた。論客の山川菊栄は、オブザーバーのような形であった。

宣言文は堺真柄が書いた。

私どもは、私ども兄弟姉妹を無知と窮乏と隷属に沈淪せしめたる一切の圧政に対し、断固として反対するものであります。

この宣言文を書いたビラを作り、淀橋の専売局の前で二人の会員がビラ撒きをした。仕事終わりの人びとに読んでもらおうとしたのだ。ところが二人ともビラを持ったまま捕まり、起訴されてしまった。九津見は証人として検事局へ呼ばれた。

この時、大杉栄はこういった。

余計な事を言うんじゃないよ。ああいうところへ行ったら「知らない」と「忘れた」という以外に言ってはだめだ。なんとかとりつくろうとするとボロが出るから、「知らない」「忘れた」と、それだけでいいんだよ。

この言葉は九津見の心に深く残ることになる。

また堺真柄の父、堺利彦は赤瀾会が結成された頃から盟友山川均らとともに、日本共産党結成の準備委員会を作り、翌年、初代委員長になっている。

メーデーで

一九二一年の五月、第二回メーデーに赤瀾会会員は女性として、日本ではじめて参加した。前の晩には急いで着物の長袖を短くした。動きやすくするためだ。デモのスタート地点から参加したのでは、すぐに警察の検束にあう。それで途中の芝口交差点にある、九津見の知り合いのこだま理髪店を集合場所にした。店の裏口から目立たないようにして二、三人ずつ二階の部屋に集まった。そして十数人集まると、芝公園から行進してきたメーデーの列中に、赤瀾会の旗を立てて飛び込んだ。「赤瀾会を守れ」「赤瀾会を守れ」という印刷工組合などの男の参加者に守られて、行進した。印刷工組合は労働組合の中でも、急進的で知られていた。そこに女性たちが飛び込んだので、びっくりするほど大きな拍手で迎えられた。デモ行列は活気を得て、あちこちで革命歌の合唱が起こった。

千代田の森に赤旗立てて
いざや歌わんレボリューション

しかし、社会主義者のメーデー参加は禁じられていた。行列につき添う警官隊がこれを見逃すはずはなかった。

東照宮まで来た時、旗を持っていた橋浦はる子、堺真柄が巡査に検束された、もみくちゃにされた堺真柄は、旗のなくなった竹の棒をしっかりと握っていた。やがて行列は上野の山に来た。山の上には暴力団がいて上がれそうにないので、司会者は「ここで解散する！」といった。

それで九津見が二、三人で歩いていると、突然「こいつだ！」といわれて、山の下にあるドブに叩き込まれた。腰から下がドブネズミのようになり、はき物もなくなり、髪もひどく乱れてしまった。九津見は車坂署へ連れていかれたが、見ている人たちからは「女の気違いが通る！」といわれた。

しかし、九津見は心を燃焼させうる道に立って、生き生きとしていた。

大阪へ

メーデーの時、集合場所のこだま理髪店を九津見に紹介してくれたのは、暁民会の三田村四朗だった。三田村は活動家の多い暁民会の中でも、とりわけいきのいい人物だった。

彼は鋭い頭脳を持ち、判断力も行動力も旺盛だった。

三田村は一八九六年（明治二九年）、石川で生まれた。九津見の六歳下である。給仕や人夫など何十種類もの職業をかえて、一九一六年（大正五年）には大阪で巡査となった。米騒動の時には、自分が取り締まる役なのに騒動の群衆に共感し、ついて歩いたという。それで服務規律違反に問われて免職されている。上京し、平民大学で高津正道と知り合い、暁民会に参加した。結婚していたが、三田村が暁民会や社会主義同盟に参加するようになり、生活が立ちゆかなくなり妻は去っていった。

暁民会と赤瀾会では、ともに「過激社会主義運動取締法案」反対のデモに参加したり、講演会を開いていた。二つの会は並行してあった。だがどちらの会も思想団体であり、思想の研究をしていても、革命は起こせないと考える者も出てきた。

この時、山川均の「無産階級運動の方向転換」が発表された。それは、日本の無産階級運動――社会主義運動と労働組合運動は、『大衆の中へ！』を新たな目標としなければならない、というものだった。この「転換」の後、社会主義の実現を目指す者の多くは、直接、工場へ入り労働者の中で活動するようになっていった。

三田村四朗も大阪の労働者街に住まいを定めた。そして突然、九津見もメーデーの七ヶ月後、一二月に大阪へと住まいを移したのだ。暁民会では、二人の子どもを産んだとはいえ、美しい九津見に憧れる若者も多かった。九津見にとっても、社会主義をめざす渦や流れの中で、何人かの心やさしい男性との出会いもあったであろう。九津見はその中から、もっとも端的な魅力を持っていた三田村を選んだのである。後年、九津見は「一緒に仕事をする人を」と考えて、三田村を選んだと語っている。それは労働者の解放のために、ともに「捨て石」となることの決意でもあった。

九津見は「行動の人」だった。そして思い切りがよかった。「大衆の中へ!」というのは、一六歳の時、九津見が憧れていた山川均の言葉であった。山川は今では遠い人となってしまっていたが、その理想は九津見の中にしっかりと根付いていた。九津見は三田村と共に労働者の街大阪を目指したのだ。

だが赤瀾会の組織づくりやその維持など、九津見は会きっての働き者だった。その九津見に突然大阪へと去られた、堺真柄たち会員は茫然とした。九津見を失った善後策を話し合うための総会が急きょ開かれた。

その頃九津見と三田村は、大阪の此花区大開《おおひらき》町で暮らしていた。職工の街であった。

（2）浜松楽器闘争

職工の街

大開町は現在は福島区に入っている。埋立地に石炭がらを敷きつめて新しく工場を建て、そこに働く人たちの街として生まれた。黒灰色の道路に面して、二階建や平屋の長屋が次々に建っていった。現在は西野田工科高校となっている「大阪職工学校」もできた。最寄りの阪神電車野田駅前は市電の終点でもあったので、活気のある街であった。店が次々と開店し、チンドン屋のクラリネットや鉦太鼓が通りから露地へと響いていた。

三田村も九津見も印刷工場へ見習工として入った。そして九津見は懸命に仕事をおぼえ、文選工となった。当時は女は解版工がほとんどで、女の文選工はめずらしかった。

二人の家は、大阪印刷労働組合の事務所となった。三田村は闘争に飛び歩いていたから、九津見は食べていくために一生懸命働いた。そして仕事をおぼえて一人前になると「文選工に使うてくんなはれ」といっては、募集の貼り紙を見て町工場へ行って働いた。この頃、男の文選の熟練工の日給が二円六〇銭ぐらいであった。九津見は二円三五銭であったので、当時の女としてはかなりの収入となった。

一燈子と慈雨子は一時、高田のもとに預けられていたが、その後この家にやって来た。二人は九歳と七歳になっていた。チンドン屋のクラリネットの音を聞きながら、気楽で活気のあるこの石炭がらの街にすぐに慣れていった。だが家の中は大阪印刷労働組合の中心となっていて、多くの大人が出入りをしていた。九津見も三田村も、さまざまなところに起こる争議とのかかわりでかけまわっていた。組合の事務所には、子どもは不似合いであった。九歳の一燈子は後にこう書いている。

私たちがやって来たことは、おそらく困惑を与えたことであろう。本来、子どもが入りこむ余地のない場である。私たちは忙しく回る車輪のそばで、せめてそれを邪魔せぬよう気を配らなければならなかった。

そんな中で、母の九津見は一人の男の子を産んだ。一燈子と慈雨子は母の寝床のそばに坐りこんで、小さな赤ん坊の泣くさまや寝顔に見とれた。産まれたばかりなのに、目鼻だちのととのった利口そうな顔だちであった。赤ん坊は「我也《がや》」と名づけられた。その字面を見せてもらって、一燈子はなかなか立派な名前だと思った。だがこの後、一燈子はこう記すことになる。

しかし、その我也ちゃんは、じきに私の知らぬ間に、母の床から姿を消してしまう。そして母は、ふとんに顔をかくして長いこと泣いていた。

何日かたってから、私たちは上等そうな着物や、よだれかけをつけた我也ちゃんの写真を見せられた。よい家にもらわれて幸せに育つはずだった我也だったが、一年たたぬうちに消化不良で、亡くなったということである。

三田村とそっくりだった幼な子さえ、手離すしかなかった九津見の心を思うと、私の心は粛然とするのだった。

三田村と九津見

大阪印刷労働組合は、日本労働総同盟に加入していた。一九二四年（大正一三年）六月、大阪市電の労働者四千数百名は、賃金引き上げや八時間労働制を要求してストライキに立ち上がった。市電当局は、警察や在郷軍人を動員して、労働組合幹部二六名を逮捕した。またスト破りとして、学生を使い市電を動かそうとした。徹底抗戦を貫く考えの二〇〇名の労働者は高野山に立てこもった。この時、三田村、九津見の自宅がその連絡場所となった。アジト（秘密の連絡場所）という言葉は、この時生まれたといわれている。

この緊張する日々のことを、一燈子はこう書いている。

私たちが運動の障害になりはしないか、また三田村四朗の癇癖《かんぺき》にふれはしないかと気を使う母の気持ちも十分に読めたので、私は二人のいいつけには素早く従い、気に入らぬような物言いは控え、ねだりごとなどは一切しなかった。学校に持って行くわずかな保護者会費さえ、いいだすのに時をえらんだ。

まもなく総同盟は分裂し、三田村らは左派として、日本労働評議会を結成した。そして新たに玉川町に家を借り、そこを評議会に加盟した印刷労働組合の事務所とした。大開の家から少し奥に移ったことになった。

二階の一室が子どもの部屋にきめられ、三田村は早速板を買ってきて、三段の棚を作った。またその下にリンゴの木箱をおいて、机とした。そして三田村は、棚には鞄や本を整理するように、と子どもたちにいった。

となりは母たちの部屋であった。同じく小さな本箱と机があるだけの殺風景な部屋であったが、時々コップに草花が一輪差されていた。また壁にはマルクスとレーニンの写真がかけられ、本箱の上の小さな写真立てにはローザ・ルクセンブルグが入っていた。

一階の部屋には、水屋と食卓が置いてあった。その奥の六畳間には青年たちが入れかわり立ちかわり同居していた。朝、かまどから釜をはずし、水屋がおいてある部屋に持ち込むと、みんなわっと集まって賑やかな食事がはじまる。どの青年も、世の不正や不公平を黙視できないという労働者や学生たちだった。

頭脳明晰で、判断力も行動力も旺盛な三田村は、まわり道をしたい人とか速度の違う人にあうと露骨に不快感を顔に出した。そして相手を徹底的に攻撃し圧倒することがあった。意見を同じくする同志からさえ、時に反感を持たれることもあった。

そんな時に九津見は潤滑油の役割を果たした。「まあ、ごはんでも食べていらっしゃい」と、なけなしの財布をはたいて貧しい食事をわけあった。九津見の親しみあふれる温かさは、三田村を煙たく思う人の心をやわらげた。とくに社会主義の道を選んで、家や肉親からも離れていた若者は九津見を慕っていた。娘の一燈子はそんな母が大好きであった。

一九二三年

大開の街も玉川の街も、労働者の家は貧しく、その上みんな子だくさんであった。九津見も産まれたばかりの我也を里子に出さざるをえなかった哀しみから、産児制限に関心を持っていた。三田村は労働者の解放という観点から、産児制限運動を起こそうとしていた。

話は少し戻るが、一九二三年（大正一二年）の春、三田村と九津見は京都に住む山本宣《せん》治《じ》(一八八九年～一九二九年)を訪ねている。山本は同志社や京都帝国大学の講師であり、産児調節の研究をしていた。宇治の花やしきで暮らしており、三田村と九津見を歓待してくれた。「宇治に時々遊びにいらっしゃい」ともいってくれた。彼は後に右翼に襲われ命を落とすことになるが、人びとから「山宣」と慕われていた。

三田村と九津見の家には、「産児調節研究会」の小さな看板がかかげられた。入会申込み書を見て訪ねてみると、四貫島《しかんじま》、西九条などの労働者街の人が多かった。子どもも五人以上あり、裏長屋での暮らしはこれなら困るだろうというものであった。

また二人は山宣を大阪に呼び、労働学校で週一回の講義をしてもらった。しまいには、山宣はメーデーにも参加するようになっていった。山宣自身、人びとの暮らしを少しでも楽にしたいという思いから生物学を研究していたが、その関心は社会主義へと移っていくことになった。

九月一日午前一一時五八分——山宣は、不意に揺れはじめた壁に驚いた。関東大震災であった。その恐るべき被害が新聞や号外で知らされると、山宣は茫然とした。死者・行方不明一一万人。耐震耐火建築がいいとわかっていながらも、生活に追われてマッチ箱のような木造住宅に密集し、倒れた梁の下敷となって圧死した人びと。どうにか圧死をまぬがれたものの、炎の中で逃場を失い、不完全きわまる都市計画の犠牲となって焼死した人びと。これは政治の貧困がもたらしたものだ、と山宣は思った。

だがそれにもまして、山宣の気持ちを暗澹とさせたのは、震災の最中に社会主義者が虐殺されたことだった。大杉栄はその妻伊藤野枝と、たまたま一緒にいた甥の七歳の少年まで、憲兵隊本部で絞殺された後、古井戸の底へ埋められたのだ。しかも戒厳司令部の発表は次のように簡単きわまるものだった。

《東京憲兵隊本部に於いては、治安維持の必要上、大杉栄他二名を殺害せりとの報告に接す》

時代がとんでもない方向へと雪崩れこんでいく予感に、山宣は足元の床が抜けそうに思えた。

治安維持法

一九二五年（大正一四年）四月、治安維持法が公布された。普通選挙法とひきかえのようにして、政府が強引に成立させたのだ。

悪法反対のデモは大阪でもおこなわれ、一燈子と慈雨子は九津見に連れられて集合場所に行った。一燈子は一一歳、慈雨子は九歳になっていた。日本労働評議会の婦人部のデモであった。新聞社が写真を撮りにきた。横断幕の一端を持ったのは慈雨子だった。のぼりの後ろには一燈子がいた。さあ行進が始まるという時、ゲートルを巻いた非常姿の警官たちが飛びかかってきた。たちまち何人かを行列からひきずり出し、待機させてあったトラックに乗せた。婦人の中では九津見がまっさきに狙われた。一燈子はこの時のことをこう書いている。

私は、母がつねに正義のために苦難の道を歩いているのだと信じていたが、目の前でこのように荒々しく扱われるのを見ると、胸が痛み、足がふるえた。

この治安維持法は、母と子の暮らし全体と生き方のすべてに、暗い影を二〇年にわたって投げかけることになる。しかしこの時には、その力の強大さを、よくはわかっていなかったのだ。

この年の九月、日本労働評議会はソ連の労働組合代表のレプセ氏らを招いた。世界ではじめてプロレタリア政権を樹立したこの国に、三田村も九津見も希望を見ていた。だが日本政府は、まるでペストかコレラの病原菌であるかのように考えていた。

レプセ氏一行はまず東京に直行したのち、大阪の評議会本部にも来る予定だった。そこで一行が梅田駅に到着した時に、盛大に歓迎の意を表そうと計画が練られた。歓迎の花束を贈る役には一燈子が選ばれた。一燈子は大きな花束を抱えて、列車が到着するのを待っていた。列車が着くやいなや、歓迎の人波と大勢の警官の群が走りより、ぶつかりあって乱闘となった。花束はどこかに飛んでいき、一燈子は人の渦からはじき出された。人びとがもみ合ううちに列車は動きだし、人びとは争いながらそれを追った。一燈子は押されて押されてホームの端まで行き、そこで呆然として立ちつくしていた。

レプセ氏一行は、大阪駅構内を埋めた警官たちのあまりの厳戒ぶりに驚いて、そのまま三ノ宮まで行ってしまったのだった。

この当時の思い出として、一燈子は『無産者新聞』を売ったことをあげている。この新聞は日本共産党の合法機関紙であり、二万部から最高四万部を発行していた。

ある日、鍋山歌子たちが現れ、「面白いよ、あんたも行こ……」と、気軽に新聞の立売りに一燈子を誘った。《週刊無産者新聞・一部五銭》と書いた大きな厚紙のポスターを首からかけ、三人で新聞の束を小脇にかかえ野田の駅前で並んだ。

夕方の二時間、改札口を出てくる人に声をかけた。二〇部以上も売れ、一円以上も母の手に渡せる日は、大得意になった。そういう日は寒さも苦にはならなかった。一燈子は自分で稼ぐことがうれしく、張合いのある日々だった。

せっかくの一燈子の意気込みだったが、かんじんの新聞は毎号のように発売禁止処分を食わされ、やむなくこの《商売》も中止となった。

煙の都といわれた大阪の空は、今日もどんよりと鉛色に澱んでいた。

女工の闘い

九津見が「セッちゃん」と呼んで親しんでいた人物がいる。ともに評議会で活動した丹野セツである。後に山代巴らが編集した『丹野セツ――革命運動に生きる』には、当時の女工のおかれた状況とその闘いが詳しく記録されている。「かごの鳥争議」と呼ばれた「富士紡保土ケ谷争議」である。
証言しているのは、富士紡績の横浜保土ヶ谷工場の寄宿舎に入っていた梅津はぎ子である。寄宿舎の暮らしはまるで「かごの鳥」であった。彼女たちの要求は次のビラにある。

一　近親の危篤の電報が来たら、すぐ帰せ
二　借金があっても、外出させろ
三　熱がなくても病気の時は休ませろ
四　貯金の引き出しを自由にさせろ
五　面会を自由にさせろ
六　労働時間の一時間短縮

当時、富士紡績の梅津たち女工はこんな歌も歌っていた。

♪工場流れて
寄宿が焼けて

門番コレラで死ぬがよい

そして梅津たちは、富士紡川﨑工場や他の川﨑の工場労働者の六〇〇〇人とともに、一九二五年（大正一四年）一一月一六日正午から、ストライキに立ち上がった。

梅津は胸がドキドキしてきた。やがて一二時が来た。梅津は夢中で機械の上にのぼり、こういった。

「みんな仕事しちゃだめよ！　仕事をしたら、このビラに書いてあることを会社がみんなだめにしちゃうのよ」

「仕事しちゃだめよ！　仕事しちゃだめよ！　仕事しちゃだめよ！」

三度、同じ言葉を叫んだ。

するとみんなの手が、ピシャッと止まったのだった。

梅津は警察に連れていかれた。だが朝になると、工務主任が迎えにきていった。

「梅津が帰るまでは、女工はみんな仕事をしないというから、是非帰してほしい」

梅津のもとには、ザルに入れたリンゴやタマゴやキャラメルが届けられた。女工たちからの心からの贈り物だった。

翌日は、労働時間の一時間短縮を会社が認めたというけれど、ほんとにそうなるのか、その話でもちきりだった。「ほんとに六時ではなく五時にポーが鳴るか？」と、みんなそればかり気にしていた。終業の汽笛をみんなポーと呼んでいたのだ。三時になるともう真剣だった。「ウソじゃないか？」とみんな半信半疑。五時近くになると、梅津の胸はドキドキしてきた。

そしたら、ポーと鳴ったのだ。五時だった。

「鳴ったどー！　鳴ったどー！」

みんな板裏草履をカタカタ踏み鳴らして大喜びだった。

浜松楽器争議前夜

この時代は、日本労働評議会が応援した大争議が各地で起こっていた。一九二六年（大正一五年）四月、東京で評議会全国大会が開かれた。三田村と九津見も参加した。数年ぶりに九津見の姿を見た、堺真柄はこう記している。

脂ののった円熟したオルガナイザーであった。横溢した精励ぶりに圧倒された。九津見さんの芯の強さを、まじまじとみたのであった。

九津見は大会から大阪に戻ると、一燈子を前に座らせてこういった。

「一燈子さん、相談があります」

一燈子は覚悟をした。

『こういう時には内容を聞かないうちから、それがどんなことであろうと、承知しなければならない……』

そして九津見は厳然といった。

「上京中に堺真柄さんに会いました。一燈子を預かってもいい、とのことだから、あなたは真柄さんの家へ行ってください」

この年の一月、東京で共同印刷争議が起こっていた。共同印刷は建坪三五〇〇坪、機械平台一五〇台、従業員は二〇〇〇人を超える大工場であった。しかし工場の鋳造、貯品、機械の三部門が不振、不採算部門として、会社側がその現場の作業日数を五割削減すると発表した。そして争議は、鋳造部三八名の馘首《かくしゅ》という会社側の挑発から始まった。

労働者側は会社のこのやり方に抗議して、評議会の指導のもと、ストライキに突入したのだ。だが会社側は、暴力団や臨時職工を工場に引き入れて操業を再開。三月、一七〇〇人の労働者が首切りとなり、敗北していた。首を切られた者の中には、若き頃の徳永直もいた。

徳永は『太陽のない街』のあとがきの中で、こう記している。

ほんとにこの争議は、もう最初から悲劇的な予感がみなぎっていた。売られたけんか、あとへひくにもひけない争議であったと思う。

そして四月、浜松日本楽器では一三〇〇人の労働者が、労働条件の改善を要求して立ち上がっていた。三田村は親しい友人にこういい残していた。

「しばらく会えないし、下手をすると、一生会えないかもしれない」

三田村はこの大ストライキのオルガナイザーとなった。九津見もレポ(連絡役)として、駆けつけることになっていた。九津見は一燈子を夜行の上り列車に乗せると、堺真柄に電報を打った。妹の慈雨子は、連絡のついた父のもとへと預けられた。

堺真柄は一燈子に優しく接してくれた。一燈子を銀座や日本橋に案内してくれた。ラジオというものをはじめて聞いたのも、堺真柄の家であった——だが一燈子の心の中は、母のことを心配する思いでいっぱいだった。

浜松楽器争議

浜松は、横浜・名古屋間における最大の工業都市であった。その中でも日本楽器は、浜松の有力者がその設立にこぞって協力をした、大会社であった。社名に「日本」と冠したところにその意気込みが感じられる。

日本楽器には、ベニア部、ハモニカ部、ピアノ部、オルガン部などがあった。そして工場では一三〇〇人の労働者が働いていたが、その平均賃金は一円三〇銭であった。当時、一円ではわずか三キロの米しか買えず、これがいかに低賃金であったかがわかる。また労働時間も長く、ハモニカが大いに売れた時には、午前五時三〇分から午後九時まで働かされた。それにもかかわらず、前年にはハモニカ部の労働者が大量に首切りにあっていた。

この労働条件の改善を求めるため、日本楽器、鈴木織機、遠州織機などは、日本労働評議会に属する労働組合「浜松合同」を結成していた。

四月二一日、浜松合同は日本楽器工場長に面会し、一〇〇〇人余が連署した嘆願書を提出した。嘆願書には、最低賃金をもうけることで、全体の賃金アップが求められていた。そして、二五日まで会社側の回答を待つとされた。

だが官憲の動きは素早かった。翌二二日には、浜松署の警部補と県の特高係が会社を訪れている。そして静岡県警察部は「日本楽器争議取締計画」を決めて、臨戦体制をしいていた。

回答期限の切れた四月二六日、最後の交渉の場で、社長はこういい放った。

「俺は軍隊でも警察でも、自分の自由勝手に動かすことができるのだ！　だからお前らのようなものの、いうことを聞く耳は持たぬ！」

ここにいたって、組合側は嘆願書を要求書にかえて会社側につきつけ、交渉はついに決裂した。そして午後二時半、男女の工員は四列縦隊を作り秩序整然と、白旗を押し立てて会社を出発した。白旗には『労働者の生活権を無視する社長を葬れ』『固き団結は最後の勝利なり』とあった。これが大ストライキの始まりであった。

日本労働評議会は、この浜松楽器争議を全力で支援することにした。そしてただちに三田村四朗が浜松に派遣されることになった。三田村はこの二六日当日に、夜行で大阪を出発している。

三田村は自らが浜松合同の委員長となり、全面的な指導に乗りだした。三田村らは、争議が長期化するという想定のもと、争議団の組織を強力なものとした。三田村らの司令部の下に班長会議をもうけ、一四の班に争議団の全員を配置した。司令部は二階建ての民家にあった。そして班長会議は、毎晩定時に一般の争議団員が帰宅した後、司令部室で開かれた。

また三田村は、争議団の教育にも力を入れた。相互激励も兼ねた「五分間演説」を、自分の班や他の班に行ってやらせた。そこで自信を持たせた上で、一般市民を対象にした演説会に弁士として登壇させた。

争議団員は市内のライオン館に集まっていたが、毎朝出席簿をつけ「五分間演説」で決意を固め、気勢をあげた。工場の通用門は、白布の腕章をつけた警備隊が十数人で固め、会社へ出勤する裏切り分子を警戒した。赤い腕章の伝令は、本部と班の連絡をとり、情報隊は会社を訪れる者をチェックして、ただちに司令部に急報した。ライオン館からは三〇人以上の宣伝隊が八方に飛び、数千枚のビラをまいた。まるで戦場のようなめまぐるしさであった。

司令部、襲われる

三田村も九津見も、その全精力をこの争議に懸けるつもりであった。

子どもを堺真柄に預けた九津見は、三田村の数日後、浜松に駆けつけた。それから東京の評議会に連絡をした後、再び浜松へ戻ろうとした。しかし浜松駅には警察が張り込んでいた。九津見は変装用の丸髷の髪型にして、浜松の手前の中泉駅（現・磐田駅）で降りて、二停車場ぐらい歩いて浜松に入った。

会社は右翼の相愛会を雇い入れていた。この相愛会が、社長の息子の指揮のもと、五月一八日に司令部を襲ったのだ。九津見はこの時のことをこう記している。

「争議団司令部」という長さ一間半ぐらいの大看板をかけているところへ右翼がなぐりこみをかけてきて、大立ち回りになり、火鉢にかかっていた鉄瓶をとって投げ、三田村は肩に大やけどをしました。わたしもまごまごしていて、羽がいじめにされました。

この後、三田村たち指導部は表に出なくなり、鈴木織機の職工の家の二階を借りて、ここを、かくれた指導部とした。そして三田村はかくれた指導部から、毎日『日報』を出した。この『日報』はアジビラになっていた。これがこの争議の特徴となっていった。
襲撃の翌日には、こう『日報』は呼びかけている。

■浜松の労働者は自覚した
柔順羊の如き浜松の労働者にも目覚める時は来た。彼等貪欲なる資本家共は思うがままに労働者を酷使して、徒らに太平の夢を貪っていたが、突然として彼等資本家共の夢を驚かす、巨人が現れた。それは労働組合である。

三田村には組織を動かす力があった。また三田村のアジテーションには、大きな訴求力があった。宣伝と扇動を重要視した三田村は、卓越したリーダーであったといえる。

敗北

五月二〇日頃からは、警察の取締りもさらに厳しくなった。トラック一台を本署の前に常備し、数十人がただちに出動できる体制を作った。また、全県下の警官の半数を浜松に集中し、憲兵分隊も、憲兵二〇人を急派した。浜松はあたかも戒厳令をしかれたかのような、不安な雰囲気となった。

五月二九日、三田村は三重県松阪の農民組合に米をもらいに出かけていた。千数百人が食事をするので、大量の米が必要だったのだ。

だがこの日、一斉検挙がおこなわれ九六人が検束されたのだ。

松阪から変装して戻ってきた三田村は、直ちにアジト（隠れ家）を定め、謄写版と紙を求め、『日報』を出した。

見よ！　この暴状を！
官憲、会社、暴力団の協同戦線
市民の公正なる批判に訴える

この『日報』を見て「俺たちの指導部は健在だ！」と、争議団員の動揺はピタリと止まった。

しかし、会社側も執拗な切り崩しをおこなっていた。

「復帰職工に対しては、構内に寄宿舎を急造し、食事を社給して、通勤の危険を防止し、また家族に対しては自動車をもって送迎をする」

そして、「職工募集」の広告を出し、二二〇人を新規採用する一方で、争議団全員の解雇を通告した。

一方、日本労働評議会からも、ぞくぞくと応援のメンバーが浜松に入った。

七月二九日、遂に三田村のアジトが発見された。天井裏で謄写版を使って『日報』を印刷していたところを、逮捕されたのだ。その上、八月二日には、東京・大阪をはじめ全国各地で評議会幹部が一斉に検束されたのだ。この大弾圧は、内務大臣の直接の命令であった。

戦前・戦後のあらゆる争議において、このような徹底した全国弾圧がおこなわれたのは、他にない。国家権力は飛躍を続けてきた評議会に一大鉄槌を下したのだ。そして八月八日、一〇五日間にわたった大争議は組合側の惨敗となって終わったのだった。

地下生活へ

九津見は大阪に戻った。子どもたちも夏休みということで一足先に大阪に戻っていた。三田村は『日報』を出していたことが出版法違反とされたが、それも無罪で一一月に戻ってきた。争議をつぶすためだけの逮捕であったのだ。

心淋しい一燈子はこう考えていた。

『早く社会主義の世になり、働く母とその子どもが大切にされるようになるといい……』

そして一燈子自身も長じて、労働運動に携わっていくことになるのだ。

また、この日から五〇年近くたって、評議会婦人部にいた人が訪ねてきたという。その人は一燈子にこういった。

「あなたや妹さんのことでお母さんから相談されたことがあった。でもその時、こんなに情勢が高まっている時なのだから、可哀想ですけれど、子どもは社会に育ててもらうより仕方がないではありませんか、といってしまった。よい時代がくるのは間近のことと思っていた。若かったからとはいえ、乱暴なことをいって、ねえ。ごめんなさいねえ」

この言葉は、母九津見の苦い思いでもあったのだろう。

三田村は浜松争議での活躍が認められ、非合法に結成された日本共産党に入った。一九二六年（昭和元年）一二月、いったん解党していた共産党は、官憲の目をかいくぐり再建されていたのだ。続いて、九津見も入党した。だが、党のことは二人の子どもには秘密にされた。

そして次女の慈雨子は再び、実父集蔵のもとへ預けられた。集蔵はようやく東京高等音楽院（現国立音楽大学）で、倫理などを教えるようになっていた。生活の安定してきた集蔵に、一〇歳の次女を託すことができ、九津見は安堵することができたのではないだろうか。

九津見は、使命と考えている運動の中で余儀なくされる生活と、子どもの養育の問題の板ばさみの状態をそのままひきずって、常に走っていた。その時々の生活の変化について、幼いものにどう説明していいか思案も定まらないまま、結局は急激な生活の変化を子どもたちに押しつけることになっていた。

そして突然、三田村と九津見の姿が消えた。一三歳になっていた長女の一燈子は、鍋山貞親（共産党員）の家に預けられた。鍋山もずっと留守であり、その夫人である若い鍋山歌子は明るい調子でこういった。「今に帰ってくるて。心配せんかてよろし」。だが一燈子の心は不安で一杯であった。

　ある日、見知らぬ男が一燈子を訪ねてきた。その男は「お母さんの所へ行きましょう」と、低いが厳しい口調でいった。一燈子は反射的にうなずき、ひっそりと着がえると、脱いだ普段着を風呂敷包みにした。そして大阪駅に行き、上り急行のうす暗い三等車に向かい合って座った。

「着くのは朝だから、横になったらいいでしょう」と、男はいった。だが男は一度も笑顔を見せず、堅い表情のままであった。

『この人は本当に母に頼まれてきたのだろうか、もしかすると〝人さらい〟ではないだろうか……』

　一燈子は寝込むと危ないぞと、ずっと緊張していた。やがて、朝日がさしている東京駅に着いた。一燈子は四谷大木戸のある家に連れていかれた。その家の暗い玄関に入ると、九津見が転がるように走り出てきて、押さえたような声で「一燈子！」と呼んだ。

　そして一九二七年（昭和二年）この家での、一燈子と九津見、三田村の奇妙な生活が始まった。

この家は一階に六畳と茶の間、台所があった。そして二階には六畳に小さい物干し台がついていた。そして一燈子の勉強机と椅子も用意されていた。間もなく呉服屋に一燈子のよそゆきの着物を買いに出かけた。一燈子はこう書いている。

母は、ひもの締め方、衿元を合わせる工夫など、細々指図し、わが娘を粧わせることへの喜びの表情をかくさなかった。私も何度となく鏡の前に立ち「これが私の着物？」「これが私？」と、自分自身に見とれていた。

通りを歩く九津見は、大島の袷《あわせ》にお召しの羽織、三田村は大島絣に黒のインパネスを羽織り、金ぶち眼鏡をかけていた。一燈子は濃紺の紬――こんな三人を誰かが見ると、ゆとりのある商人か株屋の店員の家族と見えたであろう。

だが三田村はこう一燈子にいった。

「あんたはこれから母さんを〝おばさん〟と呼びなさい。私のことは今まで通りおじさんでいい。あんたは田舎から東京の叔母さんの家に手伝いに来た姪というわけだ。私は表札の通り〝木村京太郎〟だ……」

その他、本籍とか職業とかいろいろ架空のことを一燈子は暗記させられた。もし戸籍調べの巡査が来ても、すらすらいえるように、そして自然な態度をとるようにといいきかされた。一燈子の名前は〝勝子〟というのだそうであった。さらに、隣の家に同じ年頃の娘がいるが、朝夕のあいさつはともかく、それ以外の無駄口はつつしむようにと特に念を押された。

三田村と九津見は、党の家屋委員会に属し、非合法活動家のための安全な住居を探す役目を与えられていたのだ。安全な住居を探すことは難しく、またその住居も一つところに三ヶ月以上住むのは、危険とされていた。三田村と九津見には重要な役目が与えられていたのだ。それからしばらくして新聞には、次の記事が掲載された。

　労働組合評議会幹部三田村四朗は、内縁の妻九津見房子およびその娘を連れ、昨年暮より、ようとして行方が知れない――

一燈子はこの家に来てから、はじめの頃は、少しは世間並みの暮らしになったのかと思っていた。だが、三田村からの申しわたしといい、一燈子も見た新聞記事といい、何やら今までよりも一層厳しいものの中にいるらしい、とおぼろげながらわかってきた。また三田村と九津見が、並々ならぬ緊張と決意を抱いていることは、日々の生活からも感じられた。一燈子は後にこう振り返っている。

なぜ、そういう時に私を呼びよせたのか。

カモフラージュのためなのか、それとも私の中にやがて同じ戦列に加わるものとしての可能性を見たのか、それとも戦闘準備にたかぶる心のときめきのうちに、母親としての愛情があふれるのをおさえ切れなかったということか。

おそらく九津見の心は、そのいずれも当たっていたのだろう。

一九二八年（昭和三年）、三田村は北海道の組織担当者となり、オルグのために派遣された。この後、三田村の情熱的な勧誘は、東京、大阪についで多くの入党者を北海道で生むこととなる。

九津見も一燈子を連れて、一月、北海道に渡ることになった。厳冬の地ということで、九津見はえんじがかった紅の華やかなコートを、一燈子に買い与えた。この色は一燈子の好きな色であった。そして英国ビーハイブ印の毛糸も買った。オレンジと黄のまぜよりは一燈子のもの、紺に水色のからまったものは九津見のもの、いずれも太目の糸だ。

この日の一燈子の思いである。

舶来の毛糸は色といい質といい、和製とは比べものにならない高級品なのだ。大きな包みをかかえて、私は思わず口元がうれしさでゆるみそうになる。

その夜、母と私は、古い家の茶の間で、匂いまでハイカラな美しい毛糸の束を替わり合って両腕にかけ、くるくると毛糸玉をいくつも作りながら、豊かさを楽しんだ。

一燈子と九津見は、仲良く竹の棒をたくみに操って豊かなショールを編んだ。

『母が北海道に行けば、私も行かねばならない。幸い紅いコートと、とびきり暖かいショールがある……』

九津見と一燈子は、青森行夜行列車に乗った。一燈子は母と二人だけの旅ということで満ち足りていた。朝の仙台駅では、新しく車内に入ってくる人に、眠たげだった客車の気配が一新した。だが二人は別の意味で緊張し、息をつめていた。車内に入ってきた背の高い男に走らせる九津見の目が、鋭く光った。一燈子が小声で注意すると、九津見は苦笑した。

そして二人は青函連絡船に乗りかえた。出航の銅鑼《ドラ》が鳴る。長い汽笛が続く。濃紺の海に、雪がひっきりなしに舞う空。船はゆっくりと岸壁を離れた。

ゆくてには、まだ見ぬ北海道がある。この後、どんな暮らしが待っているのだろうか。

——やがて来る苛酷な運命を、この時まだ二人は知らなかった。

第三章　治安維持法

（1）雪の中での暮らし

札幌の家

船が函館に近づくと、また二人は緊張した。当時、連絡船の上、下船の折の警戒は非常に厳しかった。乗船名簿がチェックされ、特高係刑事による不審者の首実検がおこなわれていた。

一燈子は母の心中をおしはかり、つとめて軽い調子で話しかけた。それは『かあさん、私は大丈夫よ。平気、平気』という合図だった。甲板に出ると、明けやらぬ黒い空の下、雪におおわれた北海道の突端が刻々と近づいてきた。

母、九津見はいつも絶体絶命の道を歩いているようだった。娘の一燈子はただただ、この北海道での母の無事を祈るばかりであった。

北海道の列車は、車中でストーブをたいていた。車窓から見える風景に悠々たるものを感じ、九津見も一燈子も緊張した心がほぐれていった。やがて夜になり札幌に着くと、インパネスを着た三田村が迎えにきていた。九津見はほっとしてその側に寄った。三人は幌のかかった馬そりに並んで乗った。馬はシャン、シャンと鈴を鳴らしながら、広い道を走っていった。

着いた家には「吉田幸一」という表札がかけられていた。家の中に入って、一燈子は驚いた。台所には四斗樽がでんと置かれ、中には菜漬がいっぱい入っていた。また、大きな米びつには一俵ちかい米がつまっていた。そして、屋根の下には石炭が山と積んであった。三田村によると、それはこちらの同志の配慮だという。素直な一燈子は「北海道の人って、何て親切なんでしょう」と思わず口に出した。

三田村は早速ストーブの前に坐り、木切れに火を着け石炭をのせた。二間しかない家の温度はどんどん上がっていった。そして久しぶりに家族を迎えた三田村は機嫌が良く、「いっぺん熊の肉ちゅうもん食うてみよか」などとなごやかに話した。

おそい夜食をすませると、一燈子は机と椅子が用意された部屋に行き、のびのびと手足をのばして、深い眠りについた。

氷上カーニバル

三田村は何回か家族づれで息抜きのような外出をしてくれた。二月のある日、近くの中島公園で〝氷上カーニバル〟が開かれた。夕食後、三人はそろって出かけた。池が一面に凍ってできたスケートリンクの周りには、電球がいくつもさがった電線がはりめぐらされていて、明るい夢のような世界だった。

リンクの上では、バレーダンサー風や、中世の貴婦人風のロングドレスや、ピエロ姿など、さまざまな衣装のスケーターが見事に滑っていった。生まれてはじめてスケートというものを見た一燈子は、興奮して見入っていた。

また三人で、『ノートルダムのせむし男』の映画を観にいったことがある。その映画の帰り道、暖かい喫茶店に入った。石炭ストーブが赤々と燃えていた。紅茶を運んできた店の主人は、蓄音機のハンドルを回してレコードをかけた。男声合唱の歌声が、遠くから次第に近づいてくる――『ボルガの舟歌』だった。

ボルガ川を遡る舟を、河岸で力を込めて曳く労働者の歌だ。河の流れに逆らって上流に舟を進めるために、労働者は皮で作った幅広のベルトを体に巻きつけて、何時間も何日も歩き続けるのだ。やがて歌声は「アイダダアイダ　アイダダアイダ！」と力強くなり、そしてまた、静かに歌声は小さくなっていった。舟を曳く人びとのうめきのような歌だった。

一燈子は「ロシア革命」のことは知っていた。『新しいロシアでは、こんな暮らしはなくなっているに違いない。彼らは、今では素晴らしく明るい歌声をあげているのだろう……』

そんな思いで目をあげると、母たちは黙って深くうつむいていた。

『母たちもかの国のことを思ったのだろうか。あるいは、これからの茨の道を思いやっているのだろうか……』

一燈子は暗然たる思いをぬぐいかねて、冷えた紅茶をさじでかきまわした。

謄写版刷り

三田村は「吉田幸一」のほかに、「野村潔」や「勝元」という偽名を使い、同志たちの間をかけ回った。めまぐるしい活躍で、少しずつ、しかも確実に党員は増え、組織づくりは進んでいった。

一九二八年（昭和三年）この年、はじめての普通選挙がはじまろうとしていた。「治安維持法」と抱き合わせの形で「普通選挙法」が通っていたのだ。

日本共産党は二月一日に、機関誌『赤旗《せっき》』を創刊した。これまで伏せてあった党名を公然とあきらかにしたのだ。しかし、もちろん非合法政党であったので、選挙に候補者を立てることはできない。何人かの〝秘密党員〟を、合法政党である「労働農民党」の候補として立てることになった。

一燈子たちの札幌の家では、この選挙戦のための連絡員がしばしば出入りし、ストーブを囲んでの会議が続いた。この会議がある時は、一燈子は台所か自分の部屋に退いた。時には、雪の戸外を散歩して時間をつぶした。

母の九津見は、東京にいる時は会議には表立って出ることはあまりなかった。三田村の〝裏方〟として動くことが多かった。だが札幌に来てからは、ぐんと積極的になり、常にストーブでの会議に参加していた。また、夜おそくまで何か書いたり、謄写版の原紙を切ったり、三田村と息のあった働きをしていた。

東京にいる時も、浜松楽器闘争の時も九津見はレポ（連絡係）に過ぎなかった。だが北海道では、直接若者たちと語り合いそして同志の輪を拡げていく充実感は、何物にも代えがたいものであった。

二月二〇日に普通選挙がおこなわれたが、北海道一区から立候補した山本懸蔵は、得票数二八六七票に終わった。だが九津見や三田村と親しかった山本宣治が、京都から労農党として出て、見事当選を果たした。

そして三月になったある日、一燈子も謄写版刷りを手伝うようにいわれた。九津見が切った原紙を、三田村が慎重に枠に張る。几帳面にだが素早く、ローラーを前後左右に動かしてインクをのせる。一燈子は刷り上がった紙を一枚一枚、取っていく仕事だ。指にゴムサックをはめ、懸命に紙を取っていった。失敗すると、三田村は「シャーないやっちゃな」とぼやく。叱られないように緊張しながら、一燈子は取った紙を、インクが乾くように並べていった。

ふとその一枚に目をやると、『北海労働者』というタイトルの下に「日本共産党北海道地方委員会発行」とある。一燈子はドキンとした。さらに目を走らせる。「私有財産没収、天皇制廃止……」などと読めた。この時、一燈子ははじめて三田村と母九津見が、非合法組織、日本共産党のメンバーとして活動しているのだ、ということに気がついた。

「さあ早く片づけて。今夜中にすっかり封筒に入れてしまわな寝られんぞ」と、三田村の声が飛んできた。原紙その他の紙くずを燃やし、九津見が宛名を書いた封筒に刷り物を入れて封をし、そろえて束ね終わると夜中をとっくに過ぎていた。

一燈子は自分の部屋のふとんにもぐりこみ、一気に寝入ってしまった。だが朝になると、昨夜見た文字が頭の中でぐるぐると回ってくるのだった。

三・一五事件

第一回普通選挙では、それまでの納税額（直接国税三円以上）制限を受けていた選挙権が、二五歳以上の一般成年男子に拡大された。有権者はそれまでの三三四万人から、一挙に四倍の一二五四万人となったのだ。

政府は公然と選挙に干渉した。特に労働農民党などへの干渉はひどく、演説会は解散を命じられ、弁士や運動員が片っぱしから検束勾留された。それにもかかわらず、労働農民党などの無産政党が八議席を獲得したのだ。

無産政党とは、有産階級に対する労働者などの無産階級のための政党である。

労農党は合法政党であったが、労働者の立場に立つ無産政党の中では最左派であった。また労農党が立てた四〇人の候補者のうち、一一人は非合法の共産党員であった。（立花隆著『日本共産党の研究』より）

立憲政友会の田中義一内閣は、憲政会政権下でおこなわれてきた協調外交方針を転換し、山東出兵を強行し中国侵略へと向かおうとしていた。その流れの中で、共産党の活動が国民に影響を及ぼすことを恐れ、秘密裡に内偵を続けていた。そして普通選挙の直後、はじめて本格的に「治安維持法」を発動させ、共産党関係者の一網打尽を謀った。これが三・一五事件である。

三月一五日午前五時、全国一斉に検挙がおこなわれた。共産党員だけでなく、労働組合や農民組合、芸術家にまで検挙は及び、約一六〇〇人の人びとが拘引された。この一斉検挙は秘密裡におこなわれ、新聞発表も差し止められた。そのため、世間では何が起きているのかがわからず、さまざまな混乱や憶測が生じた。

当局は一定限度までは共産党の組織をつかんでいたが、その全体像はまったくわかってはいなかった。それでこのような大量検挙になったのである。そして検挙した者に「ドロ」を吐かせようと、小林多喜二の『一九二八・三・一五』に描かれたような凄惨な拷問がおこなわれていくのである。

検挙の日

北海道は本州と遮断されていた。三田村も九津見も、三・一五事件のことはまったく知らなかった。だが、ストーブ会議の常連たちは、ばったりと姿を見せなくなった。

三田村は「これはおかしいぞ……」といった。深く思案をめぐらせていたが、四月二日の夕方、決心したように身支度をして「東京へ連絡に行く」と、出発した。

一燈子もなぜかこの頃、嫌な予感に襲われていた。

『この家を探知され、乗り込んでこられたら、私はどう対処したらいいんだろうか？』

四月八日、東京の三田村から手紙が来た。

「こちらはみな元気だ。桜が咲いたから、あなたも一度花見に来てもらいたい」

その文面を読み終わると、九津見はすぐにねじってストーブで燃やした。

一燈子は窓辺から、屋根から降ろした雪が山になっているのを、ボーっと眺めていた。すると、三〇間（約五〇メートル）ぐらい先の家に、男がいるのが見えた。男は双眼鏡を持っているではないか。

「母さん、変なのよ。三〇間ぐらい離れたうちから、双眼鏡で見ている。それに、大家の主人があちこち行ったり来たりしている」と一燈子はいった。だが九津見は気にせず、前の晩、プリント刷りで汚れた衣類の洗濯を続けていた。

この日の昼ごはんはカレーライスだった。西洋皿に熱いご飯を盛って、カレー汁をたっぷりかけた時、三人の男がやって来た。

「電灯会社の者です。ちょっと配線を……」といいながら、座敷にまで入ってきた。家の中に女二人だけだと見ると、立ちはだかったまま「警察の者だが」といった。そして矢つぎ早に、本籍、前住所、職業などを問いかけてきた。九津見は「いったい何ですか？」と聞いた。警察は「ちょっと一緒に来てもらいたい」というのだ。

それでは着がえるからと、奥の部屋に入った九津見は、ついてきた一燈子に、少量の文書を便所に捨てるように、とささやいた。一燈子が便所に行くと、すでに汲取口の戸が外されていて、窓の向こうには男が立っていた。それでも一燈子はサッと、そこに文書を捨てると、母の九津見の側に戻った。

「とにかくご飯を食べてから……」と九津見がいいかけると、男たちは「いや、すぐ帰りますから」と制した。そして次の言葉が、九津見を驚かせた。

「お嬢さんも一緒に」

この言葉は九津見には思いもしないものであった。じっと黙って、娘の一燈子の目を見つめた。一燈子は大きく目を見はって、懸命に『私は大丈夫』の意を母に伝えようとしていた。

男たちに囲まれ、汚れた根雪の道を、九津見と一燈子は札幌警察署まで黙って歩いた。カレーライスがテーブルに置かれたままの家には、九津見も、そして一燈子も再び戻ることはなかったのである。

（2）檻の中で

大杉の教えを守る

九津見房子は、治安維持法の適用を受け逮捕された初の女性であった。だが、容赦ない拷問が九津見に加えられた。

九津見は竹刀でさんざんなぐられた。顔は紫色に腫れ上がった。そして裸にして捕縄でなぐられた所は、ミミズばれになった。はいていたズロース（パンツ）は引き裂かれたが、それは鮮血にそまっていた。

「白っぱくれるからよ。ざまをみろ」といわれたが、かつて大杉栄にいわれたことを守りきった。後に九津見はこう語っている。

なぐられても何もいわないのです。さきの大杉さんの教訓を守ったわけです。

三月一五日の検挙で、たくさん捕まっているんですよ。小樽や函館や旭川あたりの労働者や農民です。そういう経験をもっていないから何も知らないから、みなしゃべっている。これは仕方がないですよ。わたしとしては責める気持ちはない。

二晩警察にいて、九津見は札幌刑務所に送られた。気がかりなのは、娘一燈子のことであった。

一燈子は……

札幌警察署の入り口で、一燈子は母と引き離された。そして宿直室か小使室のような小部屋に入れられた。窓の外には、鉄格子が取り付けられていた。ずいぶん長い時間、一燈子は一人でつくねんと坐っていた。窓からの光の様子では、もう三時を過ぎているようだった。

「おっかあが、お前に昼めしを食わせろというから――」

中年の刑事が入ってきて、一燈子の前に皿を置いていった。

『なんとまずそうなカレーライスだろう。青味がかった糊汁のようで、冷え切っていて油のいやな匂いがする』

ほんの数時間前、わが家で母と一緒に作ったカレーライスと全然違う。家に残してきたカレーライスは、こま切れや人参、玉ねぎ、じゃがいもなどがたっぷり入った、色どりも美しかった。それにカレーもご飯もホカホカ湯気を立てていた……。

やがて夜が訪れた。廊下の電灯がつき、ガラス戸ごしに黄色い灯影がさしていた。

一燈子は札幌に来る前の、以前の住所を聞かれた。

「前に住んでいたのは東京だが、その所番地はわからない」と答えた――東京で潜行していた家の住所が、警察にとってどんな価値のある情報か、一燈子にはわからなかった。また社会主義運動にとり、それが守るべき情報なのかも知らなかった。だが、ともかく一燈子はいいたくなかったのである。

「わかりません」「知りません」をくりかえすうち、刑事の顔はだんだん赤くなってきた。そして怒鳴りはじめたのだ。あろうことか、刑事は一燈子の頬をなぐってきた。

刑事の暴力はしだいにエスカレートしていった。

立ち上がって一燈子の後ろに回り、腕をねじ上げ、お下げの髪をつかんでひっぱった。そして、一燈子の後頭部をつかんで押し伏せ、おでこをぐいと畳にこすりつけた。その上、一燈子の背中にひざを当て、体重をかけながら髪の毛で吊り上げるようにした……。

一燈子は声を出して泣いた。泣き続けた。

そしてすっかり夜もふけた頃、廊下を奥に進んで右側の戸を開けた、二、三段降りた場所に連れていかれた。そこは留置所だった。一燈子は人目のないところで一人になれたことで気がゆるみ、垢くさいふとんに倒れこむように顔を埋めた。涙がこめかみをぬらし、髪をぬらし、たえ間なく流れ、ふとんに浸みこんでいった。体中が痛み、疲れ切っていた一燈子は、泣きながら寝入ってしまった。

奇妙な拷問

真夜中であった。扉が開く嫌な金属音がした。目覚めた一燈子が見ると、背広姿の男が二人立っていた。

「外に出ろ」

一燈子は与えられた古藁草履をはいて、二人の男の後についていった。

その部屋には壁を背にして、金ピカの飾りの多い制服を着た男が席について待っていた。頬からあごにかけて、ゴマ塩のようなひげをはやしている男は、なんとなく父の集蔵を連想させた。温厚そうな男の前に一燈子は座った。

本籍、氏名、年齢を聞かれた後、また札幌に来る前の住所を聞かれた。一燈子は再び、「知らない」と答えた。その人は同席の刑事たちに「主任さん」と呼ばれていた。男は優しげな声音で「ちょっと手を出してごらん」といった。

男はテーブルの上に出した一燈子の片手をやわらかく取ったかと思うと、いきなりかたわらにある鉛筆を一燈子の指にはさんだ。そして、大きな手で力を込めて握ったのだ。

一燈子は指の骨が折れるかと思うほどの痛さに、ワッと泣き出した。一燈子の悲しさは痛さだけではなかった。一瞬でも父集蔵を思い出させた男が、まったく思いもかけない残酷な表情に変わったことと、そして深夜のあかあかとした部屋で、まったく異質な大人たちに囲まれている孤独さのせいであった。

男たちの怒鳴り声に抗するように、一燈子は声を出し続けることで耐えようとした。一燈子の両手は、かわるがわる鉛筆をはさんで締め上げられた。両脇に立っている刑事が頭をこづく。後ろに立っている巡査が、腰のサーベルをガチャガチャ鳴らし、足踏みをして靴音を立てる。そして一燈子が泣く——。

問われているのは、東京の住所と、札幌の家に来た人の名前だった。だが、一燈子はしだいに奇妙なことに気づいていった。訪ねてきた人の特徴とか、具体的な質問がまるでない。巡査たちのふるまいも大げさで、なんだか芝居じみている……。

外に面した窓がだんだん白んできて、もうじき朝だと思った時、突然巡査たちは急に静かになり、いっせいに部屋を出ていったのであった。

留置場で

明け方留置場に戻された一燈子は、そのままふとんに寄りかかって深く眠ってしまった。遠くの方で誰かが呼んでいる。「九津見、九津見……」とその声はいっている。——一燈子が目をさましてあたりを見まわすと、入口の扉にある小さな穴から男の顔の目のあたりが見えた。「飯を受けとれ」と、そこから長方形の木箱がさしこまれた。入口の反対がわの、鉄棒が縦に入った高い窓から見えた外は真っ暗だった。一燈子は朝から一日、眠っていたのだった。弁当のふたを取ると木箱のむれるにおいが鼻をついて、とても食べられたものではなかった。

一燈子はあらためてふとんに寄りかかり、そのままの姿勢で猫のように耳に神経を集中した。つぎつぎと食事を配っているようすから、いくつかの監房があることがわかった。看守の巡査の言葉少ないやりとりから、一燈子は懸命に母の存在を感じとろうとした。

その夜も、どなり声と泣き声が聞こえ、一燈子は思わず起き上がった。世間と遮断された警察というところでは、想像もできないような暴力が当然のようにまかりとおっているのを、一四歳の一燈子は知った。

母の気配は感じられない。どこか別の場所につれていかれたのだろうか。あるいは、声も立てられぬほどの仕打ちを受けて、ぼろ布のように横たわっているのだろうか……。
三、四日たった午前中のことであった。一燈子は留置場から出され、道場らしい広い部屋のとなりの、小部屋に連れていかれた。そこで両手の指紋をとられたのだ。
指紋をとられた驚きよりも、今、通り抜けてきた道場の光景が一燈子の心を奪った。そこには大きな角火鉢があった。そのまわりには、四、五本の酒の空きびんが転がっていた。

一燈子はそれを目にした時、急に胸さわぎがしてきた。

『母はきっとこの場所で拷問を受けたに違いない』

ここの男たちは、アルコールの力で人間性を麻痺させ、母をとり囲んで、残虐のかぎりを尽したに違いない。そして、母の取調べはもう終わり、この建物のどこにも母はいないのだ……。

そしてしばらくしてから、一燈子は気がついた。あの「奇妙な拷問」――後ろに立っていた巡査が腰のサーベルをガチャガチャ鳴らし、靴音をどたどた立てていた奇妙なふるまい。指に鉛筆をはさんで苦痛の叫び声を出させたり、頭をこづいては怒鳴ったりしていた時、母は隣の部屋にひきすえられていたのではないか。母が受けた熾烈な拷問を、いとけない小娘にもいまおこなっているのだということを、母に信じこませたのではあるまいか……。

明るい部屋へ

九津見は二晩札幌警察にいた後、札幌刑務所へ送られた。くさったかぼちゃのようになった顔とぶくぶくに腫れ上がった体は、刑務所でも驚かれた。しかし九津見は、一切しゃべらなかった。

五月になって検事がこういった。

「君がだまってるから、子どもがしょうがないじゃないか。警察へおいとくわけにはいかないし。そうとう活動していたんじゃないか、何を聞いたって、何もいわない。そうとう鍛えてあるな。いま扱いに困っている。誰に渡したらいいか」

九津見はこう答えた。

「警察を出してさえくれれば一人で帰るから」

大阪まで辿り着けば、仲間が何とかしてくれる。そして『一燈子は強い子だ』という思いに今は賭けるしかない、と九津見は思った。

札幌警察にいる娘の一燈子は、木箱の弁当にもしだいに慣れてきた。だが、麦入り飯はいつもむれたにおいがした。一燈子はこう考えていた。

『ここを出てもどこに行ったらいいのか、見当がつかない。大阪ででもあれば、知り合いの所へ歩いていける。札幌ではどうしようもない……』

一燈子が留置場に入れられて四〇日がたった時、例の通り何の説明もなく、玄関に近い応接間のような所へ連れていかれた。するとそこには、父の集蔵がいた。

別れて数年がたっていたが、少しも変わらぬ風貌で、父は端然と椅子にかけていた。一燈子はうれしかったのはもちろんだが、同時にすまないと思う気持ちがあった。ここにいない母のかわりも含めて、そう思ったのだ。

父がとってくれていた宿は、大通りの静かな場所にあり、二階の角部屋だった。臭くて暗い留置場から、ほんのわずか離れた場所の明るい部屋で、お茶を飲み、お菓子を食べている――一燈子は不思議な気持ちだった。

そばで煙草をくゆらしていた父がこういった。

「一燈子は、よう母さんに似てきたのう」

一燈子と父集蔵は、函館へさらに船で青森へ向かった。青森から東京へ向かう汽車は、母との一月、共に揺られた思い出のものだった。

獄中の母を置いて北海道を離れる——それ以外の道はないのだが、一燈子の胸は苦しかった。

山本宣治の議会質問

一九二八年（昭和三年）の九月、札幌地裁で公判がはじまった。

三・一五事件では、全国で二千数百人が逮捕された。起訴された者は四八八人。北海道では、三五人が起訴された。

この容疑者に対する取調べの苛酷さは、前述の小林多喜二の小説『三・一五』にありありと描写されている。

だが北海道で捕まった鮒田《ふなだ》勝治はこう語っている。

「とても小説どころじゃない。あれでやっと半分くらいかな」

九津見は血染めの下着を公判で示し、拷問の事実を暴露した。また鮒田は血に染まったワイシャツを、裁判官に尻を向けて広げて見せた。

大阪時代、信頼しあっていた山本宣治が札幌まで傍聴に来てくれた。そして翌一九二九年(昭和四年)二月八日、第五六回帝国議会衆議院予算委員会で、山本は質問に立ったのだ。

まず、三月一五日の大検挙の際、全国的に法規を無視した不当な長期拘留がおこなわれたことについて、政府の考えを問うた。ついで山本は同事件に関し、被告及び容疑者の受けた拷問について、全国的に調査した実例を挙げ、政府の所見をただした。

九津見についても「ある女被告の鮮血に染まれる衣服の一点」と、抗議した。山本の質問の最後はこう締めくくられている。

その話を聞いている裁判官、それらの方々も面を背けた。(中略)
これに関し当局が如何にせられるか、とにかく我々はあくまでこの現代の社会における九七パーセントを占むる所の無産階級の政治的自由、これを獲得するために、こうした暗澹たるこの裏面には、犠牲と、血と、涙と、生命までを尽くして居るということを申述べて私の質問を打切ります。

娘の一燈子は父の家で、新聞を読んでいてこの山本の発言を知った。

『あの山本さんが、政府に抗議してくださったんだ』

一燈子は自分が受けた酷い仕打ち、そして母が受けた想像も及ばない残虐な拷問に対して、幼い頃見知った山本が敢然と政府を追及してくれたことをありがたく思った。一燈子の心の中につもっているつらさが、少しだけやわらいでいくようだった。

山本宣治の死

起訴された四八八人は、一九二五年（大正一四年）に制定された「治安維持法」によって裁かれようとしていた。その上「治安維持法　改正案」が議会に提出された。より厳罰化が謀られ、最高刑を「死刑」とするものだった。三・一五の大弾圧を眼のあたりに見せつけられた民衆の世論はそれに反対した。「改正案」は審議未了で廃案となっていた。しかし田中義一内閣は、第二次、第三次の山東出兵を計画し、容赦のない中国への軍事干渉をおこなおうとしていた。帝国主義の外に向かう侵略と、内に向かう弾圧は一枚の楯の両面であった。

突然、一九二八年（昭和三年）六月、天皇の名において《緊急勅令》として、「治安維持法　改正」が、施行されたのだ。《緊急勅令》とは災害時などに用いられるものであったが、三・一五事件は国家の非常事態とされたのである。

この《治安維持法　緊急勅令》が、法律としての永続性を持つためには、議会で承認される必要があった。山本宣治は、九津見らに対する拷問を追及した後、一九二九年（昭和四年）の二月末、国会で「治安維持法　改悪」に反対するための、演説の草稿を書き上げた。

かくの如き資本家・地主の暴虐にもかかわらず、無産階級の戦闘的部分は、決死的に闘争を推しすすめて行く。～これに恐怖した田中反動内閣は、三・一五事件をつくり上げるために、不逞の徒をして、不逞の行為をとらしめ、ついに拷問とデッチ上げとの結果、未曾有の事件を発表することを得たのである。～治安維持法は、いまや最も悪辣に改悪されようとする。最大十年というのを、死刑・無期・五ケ年以上または二ケ年以上というような極刑を以てするに至った。

山本は草稿を書き上げた後、労農党の先輩、大山郁夫にこう打ち明けていた。

「あなたも御存じのように、私は共産党員ではありません。しかし、この演説のために、たとえ議会で絞殺されても、思い残すことはないつもりです」

三月五日、衆議院で山本は反対演説をおこなう予定であった。だが、与党政友会の「討論打切り動議」によりそれは封じられてしまった。そして「治安維持法　改正」は、討論できないまま可決されてしまったのだ。

そしてまさにその夜、山本宣治は右翼団体「七生義団《しちしょうぎだん》」の黒田保久二《ほくじ》に襲われ、頸動脈を切られて死亡したのである。

山宣資料館の館長であった佐々木敏二は、この暗殺に特高警察が関わっていたことを資料的に明らかにした。また、本庄豊は『テロルの時代』の中で、警視庁特高課課長を勤め、前警視庁官房長でもあった大久保留次郎が、その黒幕ではないか、と推論している。いずれにせよ、田中内閣は反対の声を文字通り「封殺」してまでも、「治安維持法　改正」を断行したかったのである。

懲役四年の判決を受けた九津見は、札幌刑務所の中で山本の死を知った。おびただしい血の海の中で絶命していった山本の無念の叫びが、九津見の胸にも響いてくるようだった。未決を含め、五年三ケ月を刑務所で過ごした九津見は、一九三三年（昭和八年）出獄することになる。

山本宣治が命懸けで反対しようとした「治安維持法　改悪」――それはどのようなものであったのか、確かめてみたいと思う。

（3）治安維持法

目的遂行罪

二〇一八年八月、一本のドキュメンタリーが放送された。NHKのETV特集「自由はこうして奪われた～治安維持法一〇万人の記録」である。これまでは全容が確かにはわかっていなかった治安維持法による検挙者を詳細に調べ、二〇年にわたるグラフとしたものである。

このグラフを見ると、九津見が捕らえられた一九二八年（昭和三年）から、出獄する一九三三年（昭和八年）にかけて、検挙者数が急増しているのがわかる。はたしてこの六年間に何がおこな

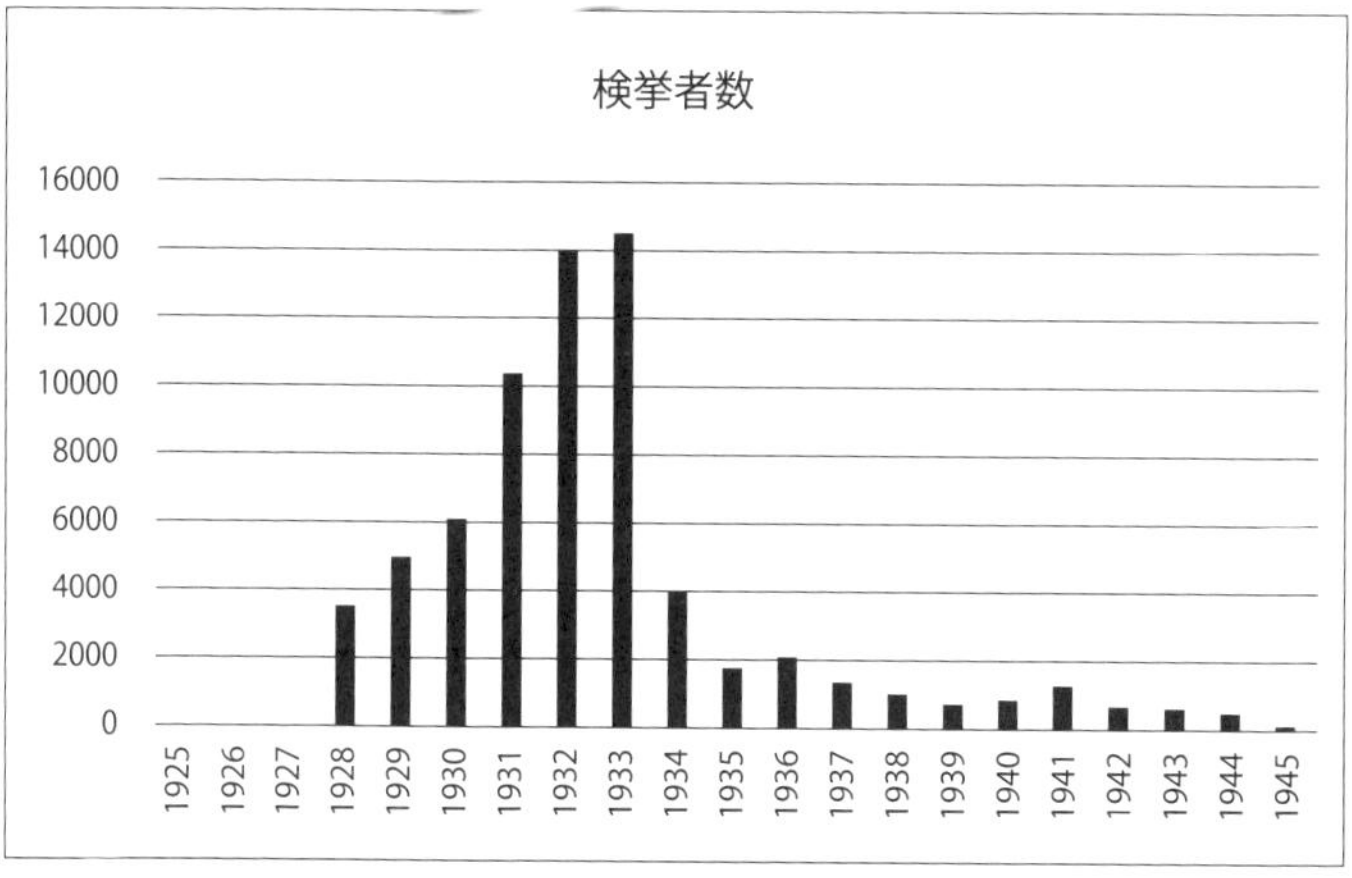

われたのだろうか。

ここから西暦ではなく、昭和の元号でしばらく見ていきたい。それは十五年戦争を経て、昭和二〇年の「敗戦」へと至る日本の破局がくっきりと見えてくるのではないか、という思いからである。

「治安維持法」は、国体（皇室）や私有財産制を否定する運動を取り締まることを目的として、一九二五年（大正一四年）に制定された。第一条にはこうある。

「国体を変革し又は私有財産制度を否認することを目的として結社を組織し、又は情を知りて之に加入したる者は、十年以下の懲役又は禁固に處す」

これは社会主義など反国家政治運動の過激化を懸念したものであった。特に攻撃目標としたのは共産主義運動であった。そして、一九二八年（昭和三年）には、最高刑が「死刑」となっていく。

そして昭和三年——九津見が捕らえられた年——、検挙者数は三四二六人で前の年の一七〇倍となっている。この年は、治安維持法によるはじめての大規模な検挙の年であった。だが、検挙された七割以上は、共産党員と特定することができずに釈放された。このことに司法当局は危機感をつのらせた。検事局次席検事である松阪廣政はこう発言している。

「党員（共産党員）ではないが、色々と活動して居る者がいる。そういう者を罰する方法がない」

この司法当局の意向から「改正　治安維持法」に盛り込まれたのが「目的遂行罪」であった。これによって、党員でなくても、共産党の目的を手助けしていれば罰することができるようになった。文書を配ったり、読書会などで友人と社会科学の本を読むのも対象となった。それらも当局が認定すれば「目的遂行罪」とされていくのだ。治安維持法の適用範囲は一気に拡がった。

特高（特別高等警察）――は大逆事件の直後、一九一一年（明治四四年）に誕生した。それが、昭和三年、大幅に増員された。これまで未設置であった県も含め、全県に設置されたのだ。

また国会では、人員的には一・五倍の規模となる特高警察大拡充の追加予算二〇〇万円とともに認められたのが、「思想検察」の創設であった。

「治安維持法　改正」で最高刑が「死刑」となったのは、特高警察官を大いに激励することになった。彼らに苛酷な「拷問」を正当化する根拠を与えたのである。

以来、次の言葉が拷問を始める際の、決まり文句になったという。

「きさまらアカはぶっ殺しても、天皇陛下に忠義を尽くしているんだから、我々は罪にはならん」

戦争への道

昭和四年には、四・一六事件で約八〇〇人が逮捕された。この時三・一五事件を逃れた三田村四朗も逮捕された。この検挙で共産党は組織上、大きな打撃を受けた。

また治安維持法の適用を受ける人々は、広範囲に拡がっていった。三・一五事件の裁判で、被告を弁護した弁護士も目的遂行罪にあたるとされた。そして裁判の結果、判決は有罪となり、弁護士資格も剥奪された。弁護士は「治安維持法」違反事件の弁護をすることができなくなっていったのだった。

そして昭和六年に逮捕された吉野源三郎など、多くの文化人も逮捕されていった。この時期、特高は「目的遂行罪」について「至れり尽せりのこの重要法令」と評価している。この「目的遂行罪」さえあれば、誰でも取締りをすることができるようになったのだ。振り返ってみると、治安維持法、中でも目的遂行罪の規定には、どうにでも拡大解釈できるという「茫漠《ぼうばく》性」がある。これは現在の「共謀罪」法にも通じる危険性ではないだろうか。

昭和二年の山東出兵をきっかけに、政府は中国侵略へと向かっていった。昭和三年には、満州で支配権を握っていた軍閥の張作霖を、日本の軍部は爆殺した。これに対して「出兵反対、支那から手を引け」という大衆の要求が高まっていた。その運動の中心にあったのが、共産党だった。だが、三・一五、四・一六の大弾圧で、その共産党は大きな打撃を受けた。

そして昭和六年、満州事変が起こるのである。これ以降、昭和一二年の日中戦争、昭和一六年の太平洋戦争へと日本は戦争への道をひた走るのである。

検挙者数が最もピークに達した昭和八年は、一万四〇〇〇人を超える人々が捕らえられた。昭和五年までは、東京・大阪などの大都市に検挙者が多かった。しかし昭和六年からは、地方でも検挙者が増えてきたのだ。

中でも顕著なのは、昭和八年の長野であった。長野県は大正時代から自由主義教育が盛んであった。この長野で、小学校の教師を中心に六〇〇人以上が検挙された。しかしその中には、共産党員は一人もいなかった。

昭和二年の金融恐慌で、長野では貧しい農村の子どもが多かった。そんな子どもたちの暮らしを良くしたいと願い、軍国主義の台頭に抗して反戦を唱えた教師も大勢いた。検挙された教師にも組合活動をしていた者もあったが、中には絵画や詩や短歌、哲学などの本の研究会に参加していただけの者もあった。

検挙された教師は全員解雇され、別の教師に交代されてしまった。これ以後、長野県の教育からは、自由主義教育の伝統は失われ、満蒙開拓青少年義勇軍の大規模な送り出しなど、戦争協力体制への著しい傾斜を見せるようになっていく。

小林多喜二の虐殺

小林多喜二は一九〇三年（明治三六年）、秋田の没落農家の家に生まれた。叔父の援助を受け苦学して、小樽商高を出て銀行員になった。二五歳の時、はじめておこなわれた普通選挙で、労農党の選挙運動を手伝った。この時、札幌にいた三田村、九津見と出会っている。

そして直後に起こった三・一五事件で、多くの友人が突然検挙され、苛酷な拷問を受けたことを知った。小林は憤激し、煮えくりかえる憎悪を抱いた。そして、ウン、ウンと唸りながら書き上げたのが『一九二八・三・一五』だった。

だがこの作品は、特高警察の怒りを買った。一九三三年（昭和八年）二月二〇日、小林は特高警察によって逮捕された。三時間以上にわたる拷問を受け、一九時四五分に絶命した。警察は死因を心臓麻痺としたが、戻された遺体を前に、遺族と仲間たちはその真相を知ることとなった。作家の江口渙《かん》は、医師が検死した結果をこう書き留めている。

なんというすごい有様であろうか。毛糸の腹巻きのなかば隠されている下腹部から両足の膝がしらにかけて、下っ腹といわず、ももといわず、尻といわずどこもかしこも、まるで墨とベニガラとをいっしょにまぜてぬりつぶしたような、なんともいえないほどのすごい色で一面染まっている。そのうえ、よほど大量の内出血があるとみえて、ももの皮がぱっちりと、いまにも破れそうにふくれあがっている。そのふとさは普通の人間の二倍ぐらいもある。(中略)

電灯の光でよく見ると、これまた何ということだろう。赤黒くはれあがったももの上には、左右両方とも釘か錐《きり》かを打ちこんだらしい穴の跡が一五、六ケ所もあって、そこだけは皮がやぶれて下から肉がじかにむきだしになっている。(中略)

それよりはるかに痛烈な痛みをわれわれの胸に刻みつけたのは、右の人さし指の骨折である。人さし指を反対の方向へまげると、指の背中が自由に手の甲にくっつくのだ。人さし指を逆ににぎって力いっぱいへし折ったのだ。

このことだけでも、その時の拷問がどんなものすごいものだったかが、わかるではないか。

これが、「治安維持法」であった。

九津見の出獄

小林多喜二の虐殺から四ヶ月後、一九三三年（昭和八年）六月二五日、九津見は出獄した。一九歳になっていた一燈子が、小さな家を用意して待っていてくれた。東京朝日新聞は「赤い母の眼に涙、九津見房子と娘会見」と報じた。治安維持法を適用された女性第一号として、写真入りで大きく扱ったのだった。

だが小林多喜二などの虐殺以上に九津見を驚かせたのは、共産党の中心であった、佐野学、鍋山貞親の「転向」だった。

ここで101ページの「治安維持法　検挙者」のグラフを見てみよう。一九三三年（昭和八年）のピークの後、検挙者数が一挙に減少している。ここには当局の姿勢の変化があった。それが、当局がとった「転向政策」であった。

検挙しても検挙しても、再び運動に戻ってくる者たち――彼らの思想を、力によって押さえつけるだけではなく、何とか運動から離脱させようとしたのが「転向政策」であった。彼らの生き方、考え方自体のコントロールを図っていったのだった。

ここで主導権を握っていったのが、「思想検察」であった。思想検事は、起訴猶予者に対して「思想、行動、交友、通信、家庭生活の状況」を詳細に観察し、「善導」をおこなった。また受刑者に対しては面接を頻繁におこない、その「教化」をおこなっていった。

こうした中、獄中の佐野学、鍋山貞親の心境の変化をとらえた東京地裁検事局は、再三の面接をおこない、また、この二人を会わせて語り合わせることまでした。その上で、二人に長文の上申書を書かせた。それと同時に、刑務所当局に待遇改善などの便宜をはからせた。そして検事局は、この二人の「同志に向けた獄中声明」を、新聞でセンセーショナルに公表したのだ。

一九三三年（昭和八年）六月一〇日の各新聞は、「共産党両巨頭、佐野と鍋山、獄中で転向声明――一一年に渡る極左運動、その誤謬を告白」と、大々的に報じた。

この二人の転向は、九津見をはじめ多くの運動家に動揺を与えた。そして内務省はこの時期、「治安維持法違反の八割を転向させた」と、報告している。

特高警察の拷問などによる徹底した弾圧と、思想検事によって謀られた巧妙な転向政策――この両面からの攻撃によって、共産党は壊滅的な打撃を受けた。

はたして出獄した九津見房子は、これからどう行動していくのであろうか。

娘の一燈子は、後にこう記している。

母は私が用意した小さな家に戻ってきた。

社会状勢は世界的にも混沌とし、母が再び献身しようとする左翼組織にも無気味な要素が感じられていた。私はともあれ、ひとときでもおだやかな生活の中で心身をやすめて状況をつかんで欲しいと思っていた。

しかし、休む間もない九津見房子の動きがはじまるのである。

第四章　暗い時代を生きる人びと

（1）一燈子の青春

青バスの車掌に

九津見が札幌刑務所にいる頃、一燈子はどう生きてきたのだろうか。

一燈子は晩年、ある「講演」をしている。大杉栄、伊藤野枝、橘宗一の追悼集会の場である。一九九九年に集会が開かれた時、一燈子は八五歳になっていた。背筋をのばして、穏やかに「わたしの見たこと、会ったひと」について語っている。講演では一四歳で検挙され、やがて結婚をする頃までが語られている、そしてその間に会った人たちについて、質問なども受けながら思い出している。

親族の方によると記憶違いの箇所もあるようだが、この講演をもとにして、彼女の青春について辿ってみたい。

一四歳の一燈子が、札幌警察署から父集蔵の家に引き取られた時、父はすでに再婚していた。妹の慈雨子はずっと世話になっていたが、一燈子は気が気ではなかった。『こんな大きな居候がいては困るんだろうなあ』と、一燈子自身も感じていた。

五月から一〇月までは、集蔵の家にいた。その後一燈子は静岡在住の、集蔵の友人である牧師のもとに預けられた。そこで、静岡英和女学院に通えることになった。白いカラーにえんじ色のネクタイの制服で、朝夕、賛美歌を歌う生活は夢のようだった。だが翌年の四月、お金がなくなるという事件があった。校長がみんなに聞いたのだが、一燈子はびっくりして泣いてしまった。牧師が間に入って、「彼女は絶対にそんなことはしない」と話してくれた。それで無関係であるとわかってもらえたのだが、一燈子はもうここにいるのが嫌になってしまった。そして夏休みには、東京に戻ってきてしまった。

その後、一燈子はプロレタリア作家の江馬修《えましゆう》の家や、音楽評論家の山根銀二夫妻の家などを転々とした。みな一燈子の境遇を見かねてか、「家にいらっしゃい」といってくれた。山根夫妻も『無産者新聞』に関係していて、家には左翼の人たちが集まっていた。江馬は演劇などにも詳しく、一燈子に『阿片戦争』や『西部戦線異状なし』などを見せてくれた。また、江馬の奥さんは、掃除をする時はいつも赤いネッカチーフを巻いて歌いながら掃いていた。当時は、「アカくなければダメだ」ともいわれていた。

だが出入りしている人も、次から次へと捕まっていった。そんな中で、一燈子は刑務所への面会の仕方や救援会を知り、母九津見房子と関わりのある人と連絡がつくようになっていった。そしてある日、一燈子は小菅刑務所の義父三田村四朗に面会に行った。すると三田村は、すごい調子でこういったのだ。

「お前はそんな大きななりして、いつまでも人の世話になっていないで働きなさい」

同時に三田村は、何人かの知り合いの家を紹介してくれた。一燈子はその家で相談し、その家の姪御さんの戸籍謄本を使って、就職口を探した。

一九三〇年（昭和五年）、二月に青バスの試験があって一燈子は「渡辺千恵子」という名で合格をした。そして生まれてはじめて車掌として働いた。一燈子はその時、一六歳であったが、一七歳として働いていた。仕事は大変で、一燈子は脚気になってしまった。だが、会社のある芝浦に部屋を借りることができ、給料も五、六〇円と良かった。会社の人も可愛がってくれた。しかし、「あんたをほしいといってる人がいるけど、実家は？」などと聞かれると、一燈子は困ってしまった。

『そんな話をすると、バレてしまう』

同僚にごまかすのが辛くて、居心地は悪かった。母が帰ってくる用意ができるまでは、と一燈子は頑張った。

当時、左翼の最後のあがきだったのか、演劇同盟、反帝国主義同盟、救援会、青年同盟などのグループが動いていた。一燈子のところにも、ビラやパンフが回ってきた。だが、そのグループのメンバーの一人が共産党のビラをまいた。するとすぐに身辺調査が始まった。一燈子は青バスの会社に一年以上勤めていたのだが、偽名で入ったことがわかってしまった。満州事変が起こった一九三一年（昭和六年）、一燈子は本社に呼ばれ、会社をクビになったのだった。

母の出獄と一燈子の検挙

母の九津見が満期出獄するにあたって、幼い頃お世話になった堺真柄が親身になって助けてくれた。一燈子は高円寺馬橋に小さな部屋を借りて、母を迎えた。五年間刑務所にいた母は、外の生活をまったく忘れていた。

ある時、母は台所に行こうとして、台所の障子の前でずっと立っていた。「何してるの？」と一燈子は聞いた——母は、戸を自分で開けるということを忘れてしまっていたのだ。一燈子の胸はいっぱいになってしまった。

九津見自身も世の中の変貌に驚いていた。九津見は後にこう語っている。

出てきて驚いたことには非常に陰惨な闘いのあとがひどくて、わたしは錯乱してしまうかと思うようでした。どこかでピストルを射ったとか、射たれたとか、陰惨な事件ばかりでしょ。

あれからはずっと党が下り坂になってゆく、一番ひどい時に出てきたのです。いろんな人が来てくれても、話がまるでのみこめないんですよ。そこにはやはり党の政策にも間違いもあるだろうし、組織の中へのスパイ潜入ということも考えられるし、あの時は誰にも相談できないですよ。

共産党が壊滅状態であった時に、九津見は自分一人の考えで動いていかざるをえなかった。この時、九津見の心の崩壊をくい止めたのは、幼い頃に体に浸み込んでいたキリスト的なものであったのではないだろうか。

陰惨なできごとといえば、三田村の事件も九津見を驚愕させた。三・一五の検挙を逃げ延びた後、三田村はアジトの階段をかけ上がってきた警官に対して、ピストルを発射したのだ。その弾は警官の下顎を貫いていた。そしてその後、三田村は四・一六の検挙で逮捕されたのだった。

また一九三二年（昭和七年）には、大森銀行ギャング事件が起こっている。これは共産党員が、逼迫していた資金集めのために、川崎第百銀行の大森支店を襲った事件だ。銀行内では、床に向けて二発のピストルを撃っている。逃走する時には二人の女性が変装して協力をしている。この事件は、党に潜入した特高のスパイが計画したものであったが、実際の行動は党員が党のためを思って実行したものであった。

この時期、もう一つの事件が計画されていた。日共幹部奪還事件である。獄内にいる党の幹部が裁判所に移動する時の護送車を襲う、という計画だった。「講演」の中で、一燈子はこう振り返っている。

見るからに嫌な感じの、なめくじみたいな男の人がきたんです。（中略）獄内の中央委員を脱獄させなきゃ、一燈子ちゃん手つだうか？ って言うから、「せっかく就職したんだから、いやだ」って、私にしては珍しくはっきり断ったんです。

この事件は未遂となったが、計画のメモの中に、一燈子の名前もあり彼女自身も検挙されてしまった。大森銀行ギャング事件の直後で、留置場はいっぱいだった。この時、ギャング事件でつかまった河上芳子（河上肇の娘）と同じ房になった。

河上芳子は激しい拷問を受けていた。一燈子も一晩泊められて、竹刀で殴られた。着ていたゆかたを脱がせてはだかにして、背中と膝を殴られたのだ。幸い、知り合いがその場にいて、身元引受人となってくれて帰ることができた。だが、殴られた背中と膝が痛んで、二ヶ月ぐらいは仰向けにも下向きにも寝られず、横になって寝る状態であった。

この未遂事件も、党に入りこんだスパイと特高課長が仕組んだことが、後に明らかになっている。

九津見の煩悶

九津見は出獄した後、すぐに三田村へ面会に行った。九津見自身は、戦列に戻るつもりであった。だが、佐野・鍋山の転向声明が出たすぐ後であり、続いて三田村も転向声明を出したのだ。九津見は煩悶した。三田村はこう語った。

共産党の労働組合指導は間違っている。今の党のとっている戦術はソビエト万歳でだめだから、自分は日本の革命をやりたいと思うから、日本の現状にそくした戦術が必要だ。自分の手先になってくれる人が今はいないから、自分の意見を外へ発表すれば、やがては、共鳴してくれる人もあると思う。

九津見は、一九三三年（昭和八年）七月にいく度か、市ヶ谷刑務所に通い、三田村の意見を、雑誌『改造』に発表した。「獄窓にて三田村四朗はかく語る」である。九津見はその前書きでこう書いている。

この稿は三田村四朗が七月初旬市ヶ谷刑務所の接見室に於て、いく度かの面会で私に語ったところを草録したものであります。私はこれを出すことに可なり躊躇しましたけれども、既に声明書が発表されている今日、むしろその詳細なものを発表して、大衆の批判をうけた方がいいと考えるに至りました。

三田村の党批判の内容については何もいわれず、とにかく「裏切りだ」といわれた。三田村は激しい性格で、獄内からいろんなことを「聞いてこい！」と怒鳴るのだが、九津見には的確な判断ができなかった。相談したくても、外には誰も残っている人はいなかった。当時、転向者といってもいろいろで、「もう運動はやりません」といって、あやまった人にはそれなりの待遇が与えられた。だが、「佐野・鍋山の転向」に続いて転向した人は何十人かあったが、救援会からもシャットアウトされて、誰も救援してくれなかった。救援弁護団も弁護を断った。
九津見はたった一人で、この人たちに弁護士をつけたり、差し入れをしたり、家族への連絡を引き受けた。堺真柄とは個人的に親しかったが、運動や党のことは相談できなかった。後に九津見は、こう振り返っている。

こういう私のやり方が、一つの裏切り行為と見られるのかもしれませんけれどもね。私がしなくて、誰がするか、という気持ちでしょってしまったんです。私はそういう人間ですよ。

「隣人を自分自身のように愛せ」というキリストの教えは、九津見の最も深いところを流れていたのだ。

一燈子の結婚

九津見も一燈子も、堺真柄とはずっと交流があった。真柄は一回目の結婚の後、近藤憲二と再婚をして近藤真柄となっていた。九津見は真柄の一回目の結婚の仲人をしており、また別れる時もその相談にのっていた。真柄は無産政党が合同した、社会大衆党で活動をしていた。

そして九津見と一燈子は一時、社会大衆党の麹町支部の二階で暮らすようになった。共産党の人からは「真柄は社会民主主義者で、ローザ・ルクセンブルクは社会民主主義者に殺されたのに」と、いわれた。だが、社会大衆党の労働者たちは、真柄のことを「あねご、あねご」といって、その人柄を慕っていた。

やがて九津見と一燈子は、新宿に引っ越した。新宿は紀伊國屋があり、ムーランルージュがある、若者や文化人が集まる街だ。カレーの中村屋や、天ぷらの船橋屋が、いつも人で賑わっていた。

一燈子は喫茶店で働きだした。「ノバ」という店だったが、偶然にもプロレタリア科学同盟に入っている人の店だった。戦争の影がさしてきた一九三四年（昭和九年）のことだ。階下はバーになっていて、よく作家が来ていた。二階の喫茶室には、新宿の末廣亭などを根城にしている画学生や詩人が、集まっていた。一燈子はそこで小さいスケッチの展覧会を開いた、大竹久一と知りあうことになった。

後に、一燈子は親族にこう語っている。

「画学生たちの中で、一番政治性のない人を選んだ」

翌年の一九三五年（昭和一〇年）、二一歳の一燈子は、大竹と結婚をした。大竹は「お袋や、義理の親がどうであろうと、何でもいい」といってくれた。大竹のお母さんが、仲人を立てなければというので、近藤憲二、真柄夫妻にお願いして、黒の紋付羽織で来てもらった。結婚後、一燈子は麻布の床屋の仕事を手伝うことになった。

九津見は一燈子が結婚した後、急に淋しくなった。「新宿の不良に、一燈子をとられた」とも、知り合いにもらしたりもした。

「政治性のない人を選んだ」――これは、幼い頃から聡明で、健気に母を支え続けてきた一燈子の、ささやかな反抗であったのかもしれない。

戦後の「講演」の中で、一燈子はこう語っていた。

で、私がなぜ組織に入らなかったってことですが。（大森銀行ギャング事件の話）
その事件が、やがてスパイ松村と毛利特高課長の二人が仕組んだことが明らかになった。それから私はね、もう自分が、共産党が銀行ギャングであるとか、戦後の下山事件、松川事件、全部権力者が仕組んだことなんだと思い、一遍も信用したことはありません。

だけど共産党はそういう中にいるんだから、共産党なんかに入るよりも、私の役目は、「母を支えること」。

しかし一燈子も九津見も、まだ見たこともない遠い異国の人物の名前に、この後の人生を大きく変えられることとなる。戦争へとひた走ろうとする暗い世界の動きの中で、幾人かの人がそれぞれの思いを胸に、命を懸けて行動しようとする――そして九津見もこの渦の中に飛び込んでいくのだ。

(2) ゾルゲと尾崎秀実

リヒャルト・ゾルゲ

リヒャルト・ゾルゲは一八九五年、ロシア南方の石油採掘の町バクーで生まれた。父はドイツ人、母はロシア人だった。ベルリンで過ごした少年時代、ゾルゲが歴史の中で一番好きだったのはフランス革命だった。そして政治情勢に強い関心を持ち、級友たちからも「総理大臣」と呼ばれていたという。

転機となったのは、第一次世界大戦であった。ゾルゲは東部戦線に送られ、母の祖国であるロシアとの戦いに参加する。ゾルゲは後にこう記している。

私は、この戦争が無意味であり、ただ荒廃を招くだけであることを痛感した。数百万の人間が死に、私を含めて多くの国民が飢えに苦しんだ。しかし、ドイツの支配階級は何一つとして、国民を救うてだてを考え出せずにいた。

私は、戦場で三度も負傷した。その療養中、私はマルクスの著作を読みあさり、共産主義運動の思想に強く引かれていった。

そしてロシア革命の勃発で、私はこの共産主義運動を理論的に支持するだけではなく、その現実の一部となること、つまり、我が身をこの実践にささげることを決意した。

一九一九年、ゾルゲは結成されたばかりのドイツ共産党に入党した。ドイツ共産党は一九二三年、ワイマール政府当局によって非合法化された。だが翌一九二四年、フランクフルトで、極秘の共産党大会が開かれた。集会はスポーツ・クラブとしての装いをこらし、警察の襲撃に備えて周到な注意が払われていた。この大会の期間中に、モスクワから来たコミンテルン（国際共産党）のメンバーと知りあうことになる。そして大会終了後、ゾルゲはモスクワのコミンテルンで働かないかとの誘いを受けるのだ。

当時、誕生したばかりの共産主義国家ソビエトは、世界各国の共産党活動家から優秀な人材を集めようとしていた。ゾルゲはコミンテルンの情報部で働くことになった。そこでドイツの状況、経済、政治、外交の分析研究を次々と報告していった。

やがてゾルゲはコミンテルン情報部から、赤軍第四部（諜報部）へと移った。

ゾルゲ、上海から日本へ

極東は世界の中で、その動向が注目されながら、情報がきわめて少ない地域となっていた。中国と長い国境を接し、日本の大陸進出にも直接影響を受けるソビエトにとって、極東の情報収集は非常に重要性をましていた。

一九三〇年、ゾルゲは赤軍諜報部からの最初の使命を帯びて中国に派遣された。新聞記者と偽装しての活動だった。はじめて中国にやって来たゾルゲが協力者としてあてにできたのは、アメリカ人の左翼の女性記者アグネス・スメドレーだけであった。上海に拠点を構えたゾルゲは、スメドレーの紹介する中国人や各国の人たちと会いながら、情報網を確立していった。

この時、ゾルゲは朝日新聞の特派員であった尾崎秀実《ほつみ》に出会っている。スメドレーは南京路にある中華料理店で、二人を引き会わせた。ゾルゲの大きな手の握手を、尾崎はにこやかに握り返した。二人はともに酒を愛し、語学も巧みで、心を許す仲となった。尾崎はゾルゲを、少しの私心もなく親切で、友情は厚く、充分信頼できる人物と思ったという。この二人の出会いに重要な役割を果たしたのは、アメリカ共産党から派遣されていた鬼頭銀一であった。

ゾルゲは尾崎に、中国の内部情勢と日本の政策を調査してくれるように頼んだ。尾崎は承諾し、それ以来、月に一度は会うようになった。ゾルゲの常識では判断のつかない日本の不可解な行動を、その意味や判断基準とともに的確に伝える役割を、尾崎は果たした。ゾルゲは「私の、最初の、そして最も重要な同僚」を見つけだしたのである。二人の関係は一九三二年、尾崎が日本に転勤するまで続いた。

ゾルゲは台頭しつつある日本という国家が、極東における台風の目となる可能性を感じ取っていた。そして一九三一年、ゾルゲが中国滞在中に起こった満州事変は、ゾルゲの日本への関心をさらに増強させた。それまで注目されることの少なかった日本に、とてつもない野望があることをゾルゲは感じはじめたのである。

さらにこの後、日本は北進してシベリアへの侵略を狙うのか、南へ進み中国に攻め入ろうとしているのか。モスクワにとって最重要となる情報を入手するために、ゾルゲは日本問題に真剣に取り組むことになる。ゾルゲは日本の政治・歴史・文化に関する膨大な書物を読み、また言葉を習得していった。

一九三三年九月、ゾルゲは日本に派遣された。ドイツの有力新聞『フランクフルター・ツァイトゥング』の東京特派員、かつナチス党員というカバーであった。使命は「日本の対ソビエト政策の情報を送れ！」であった。

横浜に居を構えた彼は、著名人に近づき、東京のドイツ大使館あての紹介状を何通も手に入れた。特に、オイゲン・オット陸軍中佐への紹介状は重要なものとなった。オットがのちに駐日ドイツ大使となり、ゾルゲに限りない信頼を寄せてくれることになるのだ。

――ゾルゲはドイツ大使の私的顧問として、大使館に入り込むことに成功していく。

尾崎秀実は一九〇一年（明治三四年）、新聞記者の子として東京で生まれた。父は台湾日日新聞で働くことになり、生まれて半年後の尾崎も、母に背負われて台湾へと渡った。

小学校五年生の時、尾崎はある事件を目撃した。

薬屋の店先で財布を見失った中年の日本人紳士が、一人の台湾人の老爺をステッキでめちゃくちゃに叩いているのだ。そして「盗んだ財布を出せ」と怒鳴った。老爺は泣き叫びながら、警察に引っ張られていった。だが、その後で、店に置き忘れていた財布が出てきたのだ。薬屋の主人は紳士にこびるように笑いながらいった。「なに、ご心配はいりませんよ。チャンコロのことです……」

尾崎の心に、この光景は忘れられないものとして生涯残った。日本最初の植民地で、支配者としての日本人が台湾人に向けた視線は、「世の中を変えたい」という強い潜在意識を、彼の心の中に生むことになる。

やがて尾崎は一高から東京帝大法学部に入った。そして一九二三年（大正一二年）に起こった「第一次共産党検挙事件」や関東大震災時の「甘粕事件」に大きな影響を受け、社会主義にめざめた。その後大学院を経て一九二六年（大正一五年）、東京の朝日新聞社に入社した。一九二八年（昭和三年）、尾崎は上海支局の特派員となる。ここでスメドレーと知り合い、ゾルゲと出会うのである。一九三二年、尾崎は大阪本社に戻る。

（3）宮城与徳と九津見房子

宮城与徳という青年

宮城は一九〇三年（明治三六年）に沖縄で生まれた。父は宮城が幼い頃に、移民としてアメリカに渡った。少年期の宮城は、祖父から「弱いものをいじめるな」と教えられて育った。また祖父は、「蘇鉄地獄」と称された働く者が食べていけない社会に対する批判を、繰り返し語って聞かせた。

一六歳の時に、父に呼び寄せられる形で渡米。その後、サンディエゴの美術学校に通う。一八歳の時には、沖縄出身青年による「黎明会」に参加。社会的な問題に関心を持ち、ＩＬＤ（国際労働者救援会）などの会合に関わった。画業では二五歳の時、ロサンゼルスで個展を開き、二七歳の時には、美術雑誌『アート・ダイジェスト』で絶賛を受けている。

だが、アメリカ資本主義の矛盾や、日本人をはじめとする東洋民族に対する圧迫をひしひしと感じていた宮城は、しだいに共産主義に傾いていった。そして一九三一年（昭和六年）、宮城二八歳の時にアメリカ共産党に誘われて入党した。

翌年、「ロングビーチ事件」が起こる。これは、失業者集会を組織したアメリカ共産党が弾圧された事件だ。一〇〇人以上が逮捕されたが、その中には宮城と親交のあった五人の沖縄出身者が含まれていた。彼らは国外追放となり、「労働者の祖国」ソ連へと亡命した。

宮城が入ったアメリカ共産党には、二つの顔があった。一つは世界大恐慌下での労働運動の指導や、反戦・反ファシズム活動である。もう一つは、ソ連やコミンテルンからの要請を受けて、アメリカから世界に工作員を送り出すという「ウラ」の面であった。宮城はこの「ウラ」の面に関わっていったのだ。世界中から、移民・難民・出稼ぎ労働者・亡命者の集まる「人種のルツボ」アメリカは、国際工作員の格好の供給源であった。

宮城は、ハワイ出身のアメリカ共産党員であり、「ロイ」と呼ばれていた木元伝一の指令を受けて、一九三三年（昭和八年）一〇月末、ぶえのすあいれす丸で日本に渡った。長くても三ヶ月で、アメリカに帰る予定だった。宮城自身、これからどんなことが進展していくのか、わかってはいなかった。

そして指令により、一一月の下旬、上野の東京府美術館でゾルゲと接触した。そしてゾルゲが、コミンテルンからの使命をおびてきている人物であることを知り、はじめて宮城は自分が置かれている立場を知ることになる。

翌一九三四年一月、ゾルゲからこういわれたという。「アメリカに帰らず、日本の自分のもとで仕事をしてほしい」――しばらく考えた後、宮城は「日ソ間の戦争回避」というゾルゲが熱く語る目的に共感して、ゾルゲのもとで働くことを決意した。

宮城は最初、情報の日本文を英文に翻訳する仕事をおこなっていた。だが次第に、情報収集もおこなうようになっていった。宮城は後にこう語っている。

「国法に触れることは勿論、戦時においては死刑に処せられることを知った上で、この決意をした」

九津見と宮城

宮城はゾルゲから、「われわれの仕事に協力してくれる人」を探すようにいわれた。宮城にとっても自分の任務を全うするには、協力してくれる日本人が是非とも必要であった。

一九三五年（昭和一〇年）夏、同郷の作家の出版記念会での出会いから、真栄田三益《まえださんえき》を知った。真栄田はまず、高倉輝を宮城に紹介した。そして「だれか女の人で手伝ってくれる人はないか」という宮城に、九津見房子を紹介した。九津見はこう記している。

真栄田さんは大阪市電のストライキの時に、争議団の労働者が高野山に上がって立てこもった時、私のうちが組合と高野山の争議団の中間の連絡地になっていたので、その頃の私を知っていて推薦したというのです。

本当は運動の経歴のない人がほしいのだけれど、やはり一つの試練を経ていないと、こんな仕事はだめだというので、私に白羽の矢が立ったということです。

高倉と九津見は以前からの知り合いだった。高倉は九津見にこういった。

「九津見さん、こういう仕事をしませんか。宮城与徳という大変いい青年がアメリカ共産党から来ているから、その人の仕事を手伝ってくれませんか」

一九三六年(昭和一一年)二月のはじめ、宮城と高倉、九津見は一度、顔をあわせた。宮城はアメリカにいた頃から、九津見が三田村四朗の妻であることは知っていた。高倉と九津見が話しているのをそばで聞いた宮城はこう思った。

『なかなかしっかりしている様子だった。あのような人をなんとか自分の協力者にしたい』

そして数日後、宮城は高倉、九津見の三人で、大塚駅前の「山海楼」で食事をした。高倉は遅れてきたが、高倉が来る前に宮城は九津見にこういった。

「自分はアメリカでプロレタリア芸術会の仕事をしていた。プロ芸の展覧会では、三田村四郎や佐野学、鍋山貞親などのスケッチを描いて売った」

九津見は知っている人の話がなつかしく、しだいに宮城に心を開いていった。やがて宮城はこういった。「自分は日本の社会情勢の真相を知りたいから、聞かせてもらいたい」

九津見はこう応えた――「私でできるだろうか」

九津見が出獄してから、まだ三年もたっていなかった。また娘の一燈子に迷惑をかけることになるのでは……と、気持ちが沈んでくる。だが満州事変をはじめとして、戦争の足音は日増しに高まりつつある。幸いにも、娘は婚家でなんとか暮らしている。『私の人生を、もう一度賭ける仕事ができるのではないだろうか』――九津見の心は定まりつつあった。

宮城はこういった。「無理をしなくてよい。あなたの判る程度でいい」――そして九津見は承諾した。この時、宮城三三歳、九津見四六歳であった。

後に、「ゾルゲの仕事に参加した思想は何か」と聞かれて、九津見はこう答えている。

ソビエトはたった一つの社会主義国だから、これはどうしても守らなけりゃならない、と思ったわけです。あの戦争が迫ってきつつある時ですから、ほんとに命がけという気持ちでした。

とにかく日本の軍隊が北へ行くか、南へ行くかという時でしたから、それまでコミンテルンの批判はずいぶん聞かされていましたけれども、それにしても世界でただ一つの社会主義国であるソビエト連邦、これを守らねばならぬ、そういうことに役立つなら、私は小さな力でも、それに捧げるという気持ちがありましたから、私のできる仕事はわずかでしたが、そういう気持ちで参加したんです。

第五章　ゾルゲ事件

（1）日本の進路は……？

ゾルゲと尾崎の再会

一九三四年（昭和九年）、ゾルゲと尾崎は再会する。前年の秋に来日したゾルゲが、尾崎のもとに宮城を派遣して面会を申し込んだのであった。ゾルゲは宮城だけでなく、中国通で見識が高く、的確な情報を提供してくれる尾崎に是非仲間になってほしかったのである。尾崎ならば、一高、東大時代の友人をとおして、日本の国家中枢部に近づけるかもしれない。しかも彼は信頼できる。

奈良公園の猿沢池のほとりで、二人は会った。ゾルゲは世界の情勢を話した後、尾崎にこういった。「またひとつ、大いに日本の情勢について手伝ってくれ。今度は中国でなくて、日本でだ」

日本でのスパイ活動に協力してほしいというゾルゲの願いを、尾崎はどんな思いで聞いたのだろうか。中国での場合と異なり、その思いは複雑であっただろう。だが社会主義の祖国ソビエトを、日本などの攻撃から防衛するという使命感が、尾崎をふるい立たせたのかもしれない。

尾崎はソビエトの支援によって日本の社会を変革し、日本、ソビエト、そして共産党に導かれる中国の連携によった、東アジアの解放をめざしていた――尾崎は決断した。

尾崎はこの後、中国問題の専門家として活躍した。彼は生来の人懐こさや面倒見のよさから広い人脈を持っており、やがて首相の側近になっていく西園寺公一《きんかず》との知己を得る。そして近衛内閣の嘱託となり、近衛主催の勉強会「朝飯会」に参加していく。

――国家の中枢に入り込んだのだ。

またゾルゲのもとには、無線通信を担当したクラウゼン、写真撮影なども担当したヴーケリッチが集まった。こうしてゾルゲ諜報団が組織されていった。だがゾルゲがメンバーに会うてはずは、いつも周到に計画されていた。ゾルゲだけが主要メンバーと直接に接触していたのだ。

日本では一九三一年（昭和六年）の満州事変以来、軍部の力が政治の上にしだいに台頭してきた。それにつれて陸軍内部には、派閥の抗争が激しくなってきていた。

やがて一九三六年（昭和一一年）となった。

二月二五日、九津見は高倉から連絡があって、神楽坂の「一平荘」で宮城を交え三人で会うことになった。だが宮城は来ていたが、いくら待っても高倉は来なかった。高倉は宮城の仕事は危ないと感じたのだろうか、これ以降、宮城たちから距離を置くようになる。「一平荘」はずいぶん風格のある料理屋で、九津見はそんな料理屋に入ったことがないので、手もち無沙汰でいた。それが二・二六事件の勃発の前夜だった。九津見は宮城から、青年将校のあいだに何か起こりそうだから、気をつけてくれといわれた。

そして二・二六事件が起こった朝六時、九津見は異変を知って雪の中へ飛び出していった。

四谷見附からバスに乗り、上智大学の横を通って、赤坂見附に出て、銀座へ行くのですが、その時祝田橋や方々に機関銃が据えつけてあるのを見ながら行きましたが、その間、ほとんど人に会いません。警視庁までも、いわゆる反乱軍に占領されている時でしたから、これでは革命になるかな、そういう気持ちをいだいて帰ってきました。

陸軍の中の「統制派」は、陸軍の中枢の高官が中心になった派閥であった。それに対し「皇道派」には若手将校や貧しい農家出身者が多かった。「ひどい貧富の差を解消するには、天皇のもとで平等な社会を実現すべきだ」と「皇道派」は考え、「天皇をそそのかして私利私欲を目指す政治家を討伐しなければならない」という「尊皇討奸《とうかん》」の考えが生まれた。これが二・二六事件を引き起こしたのだ。

青年将校に率いられた一四〇〇名の兵は、おりからの雪をついて決起した。首相、大臣を襲い、警視庁、朝日新聞社を制圧した。

ゾルゲはこの時、ドイツ大使の私的顧問として大使館にいた。だが、この事件の原因がよくのみこめず、全組織をあげて情報収集に努めようとした。大使館からは、武装した決起部隊の兵がまぢかに見えた。宮城も自分の目で確かめようと現場をかけ回った。若い将校たちの演説を聞き、市民がこの事件をどんなふうにとらえているかを探ったのだ。宮城は自分の見聞と九津見から得た情報をもとにして、事件の原因と情況、そして今後の見通しなどをゾルゲに報告した。

事態は宮城の予想どおり、鎮静化に動いていった。また、次のように報告した。

岡田内閣は即日総辞職し、広田内閣に代わった。が今はまだ「統制派」が実権を握っているから、対ソ攻撃はすぐはないだろう。ただ国内経済がゆきづまれば、国民の不満を外に向けるため、ソ連との戦争をあおるかもしれない。

この宮城の報告をもとに、ゾルゲはドイツ大使や、この時大使館付武官補であったオットに、情況を説明した。これを機に、ドイツ大使やオットのゾルゲに対する信頼は高まり、さらにレポートを書くように要求した。ゾルゲはそれを口実にして、大使館のファイルを自由に見ることができるようになっていくのだ。

宮城と九津見

九津見は、一度ゾルゲに会う機会はあった。宮城がこういったのだ。

「おばさん、外国の人だけど、会いますか？」

だが九津見は断っている。「私は言葉もわからないし、会ってもじかに話はできないから、なるべく誰にも会わないようにしていた」と、後に語っている。

尾崎とは数回、会っている。一九三九年（昭和一四年）、尾崎が岩波書店から『現代支那論』を出版する時のことだ。筆耕の仕事をしていた九津見は、その編集の下っ端にいた。

私は二回くらいしかお会いしていないのに、上海からのおみやげだといって、その頃は珍しい白檀の扇子を下さいました。編集者の方に下さるのはわかるとしても、私にまで、よくこまかなことに気のつく方だと思って、感動しました。

この時、尾崎も九津見もお互いがゾルゲの仕事をやっていることは、わかってはいなかったのだ。

宮城はアメリカから秘密の任務を負わされて、八年間、緊張の連続の生活を送ることになった。誰にも心をうちあけることのできない孤独の八年は長かっただろう。

九津見は宮城のことをこう振り返っている。

宮城さんはアメリカに長くいましたから、ほんとに物静かで、女性にやさしいのです。ほんとのレディ・ファーストというんでしょうね。

「おばさん、今日は寒いからぼくのところへご飯食べにいらっしゃい」と電話かけてくる。そして自分でごちそうを何かつくって待っているんです。

宮城は九津見と会う時は、いつもスケッチをしていた。九津見は語る。

カムフラージュのためもあって、どこそこで会いたい、どこでスケッチしていますから、という風ですね。大宮公園の池の端なんかで絵を描いていたことがあります。宮城さんが描いているそばに行って、立っていて報告だけしましたね。

宮城の絵は、色彩が特異なもので一種の魅力を持っていた。また、どの絵も独特の淋しさを持っていることが感じられた――この感想は、ともに緊張の中で使命を果たそうとした尾崎秀実のものだ。

一九四〇年（昭和一五年）から、九津見はチェーンブロック製造会社の会計係として働きはじめた。片方では宮城の仕事をやりながら、この会社の会計を預かって働いたのだ。

翌一九四一年（昭和一六年）六月、会社の給料とボーナスの金策にかけまわっているうちに、神田の三和銀行の前で九津見は吐血して倒れた。極度の緊張がストレスとなり、持病の胃潰瘍を悪化させたのだった。入院した九津見を宮城は見舞ってくれた。九月には九津見は退院した。

その後、九津見は芝の増上寺前で宮城と会った。その時、宮城は九津見に苦しい思いを打ち明けている。

「もう疲れた。かわいい女の人と結婚して、静かに絵を描く生活がしたい」

宮城にとって、唯一本音を語ることができたのが、九津見房子であったのではないだろうか。

だが初めはお互いを訪ねる時に細心の注意を払っていた二人だったが、だんだん迂闊に訪ねるようになっていった――危険は徐々に迫ってきた。

御前会議

一九四一年（昭和一六年）六月二二日、独ソ戦が始まった。この報は、二つの国を祖国に持つゾルゲには苦しいものであった。

七月二日、御前会議が開かれた。「情勢の推移に伴う帝国国策」を議題に開かれたのだ。そしてここで、「独ソ戦に対して不介入」の立場が決定されたのだ。尾崎はこの情報を入手し、さらに西園寺にも確認をしている。西園寺はこう語っている。

「ぼくにも、もちろん聞いたですよ。御前会議の内容、どうだったというようなことをね。

その時ぼくは、尾崎にはなんでも話してやったですよ。なんでもね。尾崎とはそういう関係だったから。尾崎に対して秘密はなかったですよね」

ゾルゲは尾崎からの御前会議の決定事項の情報を、モスクワに無線電信で報せた。

その結果、ソ連は日本軍の攻撃に備えた部隊をヨーロッパ方面へ移動させ、モスクワでのドイツ軍を押しかえすことに成功するのだ。そして最終的には一九四五年五月に独ソ戦に勝利する——ゾルゲたちの懸命な努力が実ったのだ。

だが、ここでも危険は迫ってきていたのだ。

すでにこの年の三月七日にはスパイ活動を防止する目的で「国防保安法」が公布されていた。「御前会議」を筆頭に、外国に漏らす目的で国家機密を探知・収集するだけで、犯罪とされた。そして国家機密が外国に漏洩した場合には、死刑を含む厳罰が定められていた。

外国人記者の周辺では、憲兵隊と特高、自宅近くの警察、そして支局付近の警察が、常時見張っていた。また五月に来日したゲシュタポのマイジンガー大佐は、警視庁高等警察部外事課にこう告げた。

「ゾルゲがどうもおかしい。ナチの党員だけど、どうも臭い」

（2）包囲網、狭まる

ゾルゲ四六歳の誕生日

一九四一年一〇月四日は、ゾルゲの四六歳の誕生日だった。日本社会は、戦争という重苦しい雰囲気に覆われつつあった。またゾルゲ自身、自分の身に迫りつつある危険を感じとっていたのかもしれない。ゾルゲは少し贅沢に過ごそうと、日本での恋人石井花子を銀座のレストラン「ローマイヤー」に誘った。だが私服刑事が見張っているのを感じて、人の混んでいるところへと、席を移動した。

石井はＮＨＫの取材で、当時のことをこう回想している。

その時の話がね、日本がアメリカと戦争するっていうのよ。

（中略）

ゾルゲは、日本はドイツと同じようにブリッツクリークやるって、電撃戦やるって言ったの。私はその時、そうかなあ、と思ってたら、日本は本当に宣戦布告しないで戦争をやったものね。だから最初は、大勝よ。

だけどゾルゲは、また別の日に言ってた。絶対に日本は勝てないって。物量で負けるって。

逮捕

ゾルゲたちへの捜査網はさらに狭まってきた。

ゾルゲに尾崎秀実を引き合わした鬼頭銀一は、一〇年前の一九三一年（昭和六年）、満州事変勃発時に、上海で逮捕されていた。

この時から日本の特高警察は、アメリカ西海岸の日本人共産主義者を内偵していた。その中で浮かび上がってきたのが、北林トモであった。北林は宮城とロサンゼルス以来の親しい友人であった。東京に住むようになってからも、宮城とは連絡を取り、協力者の一人であった。やがて夫とともに、郷里の和歌山へ帰っていた。だが北林は一九三七年（昭和一二年）から、特高の監視下にあった。

一九四一年（昭和一六年）九月二八日、北林が逮捕された。そして北林の口から、宮城の名前が出た。

一〇月一〇日、宮城が逮捕された。捕まってすぐに、宮城は自殺をはかった。二階の窓から身をひるがえして飛びおりたのだ。だが幸か不幸か、窓の下の樹にひっかかって失敗したのだ。その後、今まで張りつめていたものが一度に崩れ落ちたのだろうか、一気に組織のことを話しだした。刑事たちはその話を聞いて、事の大きさに愕然とした。

九津見は何も知らず、一〇月一三日に宮城の家を訪ねた。塀の外からのぞくと、灯りがあかあかとついていた。大丈夫と思って入った時、張り込みをしていた刑事に捕まった。やがて九津見は宮城がいっさいを自白したことを知った。なかば諦めながら、九津見は自分のスパイ行為を肯定も否定もしなかった。「存じません」の一点張りで通した。若い頃、大杉に教えられたことは、五一歳の九津見にはすでに精神の背骨となっていた――『権力と対峙する時には、余計なことは、いっさいしゃべらない』

尾崎は一〇月一五日に逮捕された。そして、ゾルゲらは一〇月一八日に逮捕された。

この日、東条英機陸軍大臣を首班とする内閣が成立した。日本はこの内閣のもと、ゾルゲが予言した太平洋戦争へと突き進んでいくのである。

宮城、尾崎、ゾルゲの死

ゾルゲたちは、国防保安法、治安維持法違反などで起訴された。裁判は一九四三年（昭和一八年）九月から翌年の三月にかけておこなわれた。

だが裁判を待たず、宮城与徳は巣鴨の拘置所で病死した。一九四三年八月二日のことである。持病の結核が悪化し、姿を変えるほどやせ衰え亡くなったのだ。宮城は独房で西行の「今さら春を忘れる花もあらじ、安く待ちつつ今日も暮らさん」を、口ずさんでいたという。

沖縄では、はるか海のかなたにニライカナイがあると信じられてきた。宮城はこの世にニライカナイを見たいと思い、四〇年の短い命を素朴に燃やしたのではないだろうか。

ゾルゲと尾崎の判決は、死刑だった。大審院へ上告したが棄却され、刑が確定した。

尾崎は獄中から、妻と娘にむけて二百通を超す手紙を書いた。厳しい検閲の中で、なんとか自分の思想を妻と娘に伝えたかったのだろう。

「僕も勇を鼓して更に寒気と闘うつもりでいます」という葉書が最後となった。

一九四四年（昭和一九年）一一月七日、看守に呼び出された尾崎は、そのうろたえたような言動に事態を悟った。かねて用意していた「茶無地のゆうきつむぎの袷羽織、袴、白じゅばん、白足袋」に着替えた。所長から刑の執行をいい渡された後、尾崎は茶を呑み、「おいしい」といった。午前八時三三分、彼は絞首台に昇った。そして一八分後に絶命した。四三年の生涯だった。

だが戦後、尾崎の手紙は友人たちの尽力で『愛情はふる星のごとく』として出版され、ベストセラーとなった。一九四六年（昭和二一年）六月、後書きで妻の英子さんは、こう記している。

今、非常に大きな苦しみを通して、新しい日本が生まれ出ようとしています。尾崎の志が理解され、少しでもそれに役立つならば尾崎もどんなにか喜ぶでしょうと思います。

この夜明けが近いことを信じつつ、野蛮な暗黒の中に呑みこまれ去った尾崎を思うことは堪えがたいことでございます。が、尾崎の愛した多くの人びとの手で新しい日本が創造されることによって、尾崎の願いはすべて充たされると考えております。

尾崎が処刑されたその三〇分後、同じ絞首台にゾルゲも昇った。

彼は死に臨んで、はっきり聞き取れる日本語でこう叫んだ。

「ソビエト赤軍、国際共産主義万歳」

この日は、ロシア革命記念日であった。


ゾルゲがまだ獄中にいた一九四三年、彼の理念を支えた組織コミンテルンに異変が生じていた。スターリンの思惑によって解散を命じられたのである。

コミンテルンは、各国共産党の代表者によって世界革命のためにできたものであった。ただそれが便宜上、ソ連の首都モスクワにその本部を置いたにすぎなかった。だが、コミンテルンの存在が各国への内政干渉につながり、連合国の結束の障害となっていた。スターリンは、異なる体制の国家と協調するために、この組織を見放したのだ。

しかしゾルゲは処刑されるまで、国際共産主義運動の実現への信念を失わなかった。彼には、いかにスターリンがコミンテルンを道具としてあつかおうとも、その理念の本質までは変えることができないという、確固たる自信があったのではないだろうか。ゾルゲはあくまで、世界革命の実現を信じ続けて四九歳で死んだ。

和歌山刑務所

九津見房子は懲役八年の刑を受け、和歌山刑務所に移された。北林トモは懲役五年だった。四歳年上であった北林について、九津見はこう語っている。

私の房の斜めになったところに北林トモさんが入っていました。図書婦に頼んで、いい本を入れて下さいと言ったのですが、北林さんは聖書のほかは受け付けなかったですよ。自分はクリスチャンだから共産主義のためにやったのではない、神のため、平和のためにやったのだ、ソビエトを守るためにやったのではない、だから検挙されるとは思わなかったと、図書婦に言ったそうですよ。

北林は宮城に頼まれて、日本の兵隊が横浜から出ていくのを調査したりしたという。だが、北林は疥癬《かいせん》がひどくなり、その上栄養失調で瀕死の状態となった。一九四五年（昭和二〇年）一月、危篤となり仮釈放となった。雪のふる日、他人に背負われて刑務所を出たが、まもなく五九歳で亡くなった。

前述の九津見の言葉にある「図書婦」とは、やがて作家となる山代巴である。この時、三二歳であった。治安維持法犯幇助で、一九四〇年（昭和一五年）から囚われていたのだ。

山代は九津見のことをこう語っている。

「いつもきちんと端座して、古武士のようだった」

山代は九津見にこう聞いた。「ソ連のスパイ事件に関与したのはなぜ？」

九津見はこう答えた。「コミンテルンの介入には反対だが、社会主義のソ連は守らなければならない」

山代は「反ソ戦を阻止するために命がけの行動をした人がここにいる、ということは持っている物を落とすほどの驚きだった」と記している。

九津見自身はこう語っている。


　端座するのは私の昔からの習慣ですよ。誰からも強制されたわけではありませんよ。私は今、着物を着て計ると五四キロありますが、あの時は三〇何キロになりました。お芋のつるばかり食べていて、骨と皮ばかりになりましたね。うすい味噌汁で、その中にはサツマ芋の茎だけが入っていて、塩気が全然ありません。人間は飢えてくると、何よりも塩けが第一に必要です。このうすい味噌汁ではどうにもならないのです。

だが雑役の女の人が、親指大のお味噌を配給窓からそっと投げてくれたという。九津見は机の裏側にそれをはりつけて、少しずつなめたという。その女の人は放火の罪で捕らえられていたという。山代の親友であった。

ゾルゲ事件では、一七名の人が捕らえられた。多くは死刑、獄死している。九津見は生きて刑務所を出ることのできた数少ない者の一人となる。

山代巴はやがて過労と栄養失調から腎盂炎《じんうえん》に感染し、高熱で意識不明となった。

一九四五年（昭和二〇年）七月九日夜半から未明にかけて、B29の大編隊百機が和歌山市を襲った。市街地の八割強が焼け、多くの死傷者が出た。

この夜は、受刑者たちも運動場でそれぞれ布団をかぶって伏せていた。連れ出された山代はこの時も熱が高かった。側にいた九津見はいざという時は、山代を背負って逃げる覚悟であった。

八月一日、少し熱の下がった山代は、仮釈放となった。

八月一五日、終戦となる。一〇月一〇日、思想犯釈放命令が出た。九津見はお金もないし、切符もないのでそのまま刑務所にいた。自分の行きたい所へどこに行ってもいいというので、九津見は毎日、和歌山の焼け跡を散歩した。

進駐軍のトラックからお菓子や食料が投げられていた。子どもたちが歓声をあげながら群がってきた。九津見はそんな光景を見るのがつらかった。

だが見上げた和歌山の空は、くっきりと晴れわたっていた。

第六章　そして、その後

（1）九津見と生方卓さん

喫茶トンボロ

二〇一九年の秋、私は東京神楽坂の喫茶トンボロを訪ねた。路地の奥にあったトンボロは、草木が茂り、木のぬくもりを感じさせる山小屋風の外観だ。ステンドグラスの扉を開けて入る。そして見事な一枚板のテーブルに座る。コーヒーの香りがただよってきた。

ここは昭和の中頃、九津見房子と三田村四朗が暮らしていた家だった。大きなテーブルの向こうには、一燈子さんの娘である坂東和子さん（七四歳）、慈雨子さんの息子である生方卓《すぐる》さん（七三歳）が座っている。お二人ともそれぞれのある時期、この家で九津見と共に暮らしていた。

いとこ同士のお二人は、とても仲が良い。「かこちゃん」「すぐちゃん」と今でも呼び合っている。偶然にもこの家は、和子さんのご主人の友人が買い取って、喫茶店を開いたとのことである。かつて暮らしたこの家を二人は懐かしそうに眺めている。
このお二人の話をもとに、戦後の九津見房子と大竹一燈子の暮らしをたどっていきたいと思う。

戦時下の一燈子の暮らし

戦時中の一燈子については、書物としては残されていない。第四章で参考にした、大杉らの追悼集会での講演記録「わたしの見たこと、会ったひと」が、唯一の資料である。その中に「ゾルゲ事件」について、一燈子が語っている箇所がある。少し時間は遡るが見ていきたい。

その前にちょうどゾルゲ事件、私の居合わせたところに、高倉輝さんが、宮城与徳さんを連れてきました。お茶を出しますと、そういう話になると、席を離れなきゃなんない、そういう習慣になっていましたからね、何の話か知りませんが、母は母ですからね。（中略）

でも、何か母にはじまったなあ、何にも話してくれないで、また私が巻き添えになるかわからない、すごく心配だったんですね。

やがて第四章で見たように、一燈子は大竹久一と結婚をする。そして実家の床屋の手伝いをする。そこは白髪染めが得意な店で、朝の七時から夕方の四時まで、お昼ご飯抜きでぶっとおしで働いた。そんな時に、母の九津見が「ゾルゲ事件」で逮捕されたのだ。一燈子はこう振り返っている。

昭和一六年に新聞に出るでしょ、戦時体制になってますね、大竹の実家は床屋なんですよ、そんなところに、スパイの娘が嫁に来てるとなったら、町八分になってしまう。お客が来やしませんよね。私は一所懸命働いて、お風呂へ子ども連れていっても、うしろ指さされないよう、近所のおばあさんたちの背中流すやら、お湯を汲んで積み上げるやら、いいお嫁さんだと言われるように、一所懸命働いた。

獄中の母から手紙が来ても、一燈子は隠れるようにして読んだ。

昭和二〇年一〇月の中頃、母の九津見は栄養失調で痩せこけ、おできだらけの体で帰ってきた。九津見に東京への切符を送ったのは、慈雨子の夫となった生方保であった。

慈雨子は……

慈雨子は一燈子よりも早く、一九三三年（昭和八年）一七歳で、生方保と結婚をしている。知り合ったのは、銀座のウィンザーという珈琲店であった。生方保の家は山林を持っており、また彼は上智大の商学部を出ていた。バターの市場性を見抜き、バター工場を立ち上げたり、漆工場を経営したりしていた。戦争が近づく中で、農村は疲弊し食料不足となった頃、彼は海の魚なら大丈夫だろうと、九十九里でいわし漁の網元となった。

だが戦後、いわしの水揚げ量はパタッと激減した。また網元として、漁師の酒に付き合ううちに生方保は体を壊してしまう。

そして慈雨子は七人の子どもを産んだのだが、一九五一年（昭和二六年）三五歳の時に千葉で、ある男性とめぐり会い、子どもを産んでいる。生方家は崩壊していくのだ。

このあたりのことは、慈雨子と父の高田集蔵との「往復書簡」で語られている。

慈雨子は産まれた子どもを施設に預け、生方の家を出て山陰の看護婦会で働くこととなった。慈雨子自身「罵られ、石打たれて然るべき私」と記している。山陰へ出発する日には、九津見房子と大竹一燈子が見送りにきている。その時の慈雨子の父へあてた手紙である。

出立に際しましては色々とお心配りいただきまして、ありがとう存じました。綾部と福知山で乗り換え、昨夕四時半当地に着きました。

あれから大竹にまいりましたら、丁度神楽坂のおばあちゃんも来ておりまして、姉さんと一緒に駅まで来てくれました。

高田集蔵は二人の娘のことをこう記している――「一燈子は理の人、慈雨子は情の人」

この後、生方保は一〇年の入院生活を送った。兄弟の中で一番幼かった卓は、カトリックの養護施設へと預けられた。そしてその後、卓は中学になると九津見房子の家で世話になることになる。

卓少年と九津見、三田村

三田村は佐野学、鍋山貞親が一九四三年（昭和一八年）に出所した後も、予防拘禁を続けられていた。戦後釈放されて、三田村は共産党の全国評議会に参加しようとした。だが、参加を断られている。そこで山川均らの民主人民連盟に参加した。これは社会党と共産党の共闘を提唱したものであった。だが両党の対立が埋まらずに、民主人民連盟は解消を余儀なくされた。

その後三田村は、神楽坂で小さな新聞社を作るのだが、この時から九津見は三田村と再び、暮らし始めたのだ。

神楽坂の九津見の家にやって来た卓少年は、食事の前にお祈りをした。これを見た九津見はたいそう感激したという。九津見自身、幼い頃に通ったカトリックの幼稚園で受けた精神的な感化は、生涯心の芯に残り続けていた。そして九津見は自分では通ってはいなかったのだが、卓を四谷のイグナチオ教会に連れていってくれた。そして主任司祭のホイベルスに、「この子をよろしくお願いします」と紹介したのだ。

生方卓さんは当時を振り返って、九津見のことをこう評している。

こわかったですね〜。くそまじめなんですよね。きちんとしてる。

あれは、中学の二年生の時でした。お小遣いは二〇〇円だった。

そして校外学習で、映画を観るというのがあって……。小津安二郎の映画をみんなで観る。現地集合で映画を観て、そこで解散したんです。新宿の映画館から神楽坂まで歩いて帰るわけですよ。

お腹がへってね、途中でラーメンを食べたんです、同級生とね。

帰ってから「おいしかった」と言うと、おこられて、おこられて……。

「買い食いなんて、なんてするんだ！」ってね。


三田村四朗は、卓のこともかわいがってくれた。「卓はなんで、いつもニコニコしてるんだ」と、しばしば彼はいっていた。

九津見は慈雨子の子どもたちを、多い時は六人、この家で預かっている。長い牢獄生活で、母らしいことを何もしてやれなかった娘への償いに、孫たちの世話を一生懸命にした。その上、印刷所が神楽坂下にあり、刷り上がった印刷物をリヤカーに積んで、神楽坂を何度ものぼった。

九津見はあるインタビューでこう語っている。


私がああいうことをやったので、一番迷惑をかけたのは子どもたちです。普通は子どもが親に迷惑をかけるのですが、私の場合は親が子どもに迷惑をかけました。

こうして懸命に働きながら、九津見の五〇代、六〇代は過ぎていった。

九津見房子の七〇代と苦悩

大竹一燈子と娘の和子さんたちは、麻布で暮らしていた。九津見のことを和子さんはこう振り返っている。

厳しい人でしたね、それこそ凛として……。何でも完璧にできる人で、私はよく行儀が悪い、とおこられたんです。

神楽坂の九津見は時々、ご飯を食べに来ていたという。よくよく聞くと三田村には愛人がいて、家にはほとんど帰ってこなかったという。和子さんたちが「たまには、うちで泊まっていけば」というと、九津見は毅然としてこういった――「いいえ、そんなことはできません！」

三田村が作った新聞社は、「民主労働者協会」だった。三田村は組合運動に関わりながら、次第に軸足を反共路線に移していき、最終的には資本側に立って先鋭的な組合運動を分裂させる側に回っていったのだった。

一九五三年（昭和二八年）、戦後最大といわれる三井三池争議が起こった。経営合理化が進められていた福岡県大牟田市の三井三池炭鉱がその舞台である。そして三池労組は、大量首切りを撤回させ、「英雄なき一一三日間の闘い」と全国から賞賛された。だがこれ以降、石炭産業の斜陽化と経営合理化が進まず、三井鉱山の経営はますます悪化していった。そこで一九五九年（昭和三四年）、会社側は一二〇〇名あまりの解雇を発表した。ホッパー（坑口）前では、数千、数百の組合員と警察や右翼暴力団がにらみあい、多くの労働者がけがを負った。その上、会社側は第二組合を作らせ、闘いを分裂させようとした。この時に活躍したのが、三田村四朗であったのだ。

聡明な九津見に、この背景と構図が理解できないわけはない。だが九津見は「右派社会主義」となった三田村に、あくまで残っている「社会主義」の理想を信じ続けたかったのではないだろうか。

後に明治大学で教鞭をとることになった、生方卓さんのもとには、その頃の印刷物が保管されている。そこには「部外秘」の文字がある。そして「山村工作隊」「中核自衛隊」についての記述がある。これは一九五一年（昭和二六年）から一九五五年（昭和三〇年）

にかけての共産党がとった「武装闘争路線」に関するものだ。

生方卓さんはこういう。

「おそらくこれはね、『公安資料』です。公安か、内閣調査室か……。これを反共活動に使ってたんじゃないでしょうか」

戦後、九津見は公にはまったく発言していない。その態度は一貫していた。だが三田村の思想が次第に変化していくのを、九津見はその内面で、どのような気持ちで受け止めていたのだろうか。自分の孫たちの面倒を見てくれ、それを経済的に支えてくれた三田村とは、別れられなかったという面も大きかったのではないだろうか。

だが戦中の三田村の転向については、ずっと「偽装転向」であったと生方卓さんに語っていたという。

その三田村は一九六四年（昭和三九年）、肺がんのために六八歳で亡くなった。泣き崩れたという九津見であったが、心のどこかではホッとした部分もあったのではないだろうか。

平和を求めて

大学生になった頃、生方卓さんは九津見房子のこれまでの活動を知った。社会思想史を学ぼうとしていた彼は、ある種の誇らしさを感じたという。九津見はずっと『赤旗新聞』をとっていた。また、たびたびデモにも出かけていたという。

一九六六年（昭和四一年）に始まった「国際反戦デー」に、九津見は参加している。またその同じ年、一燈子が九津見の喜寿を祝う会を開き、山代巴が招かれている。山代は、「数え年七七歳の九津見は、色艶のよい胸元の豊かな老女であった」と記している。

九津見は刑務所時代を振り返ってこう語った。

和歌山刑務所で、私の房には陽があたったけれど、北林さんの房には陽があたらなかった。たったそれだけの差でも、戦争末期の刑務所では、ついに北林さんの命を奪ってしまいました。私は陽があたったおかげで、生きながらえて喜寿を迎えます。

翌年、大竹一燈子一家が神楽坂の家に同居してくれることとなった。九津見は階段をさけて一階で暮らし、大竹一家が二階で暮らすようになった。神楽坂の家には、階段が二ケ所ある。

三田村は生前「特高がこっちから来たら、あっちの階段から逃げる」といっていたらしい。すでに戦後の特高が廃止された時代になっていたのだが、「また、特高の時代が来るかも」と語っていたという。

一九六八年（昭和四三年）の「国際婦人デー」には、山代巴、近藤真柄と共に参加している。近藤真柄の父、堺利彦は九津見のことを「動く社会主義者」と呼んでいた。また九津見のことを「おばさん」と呼んで慕っていた真柄は、「おばさんは、あっちこっち奔走するのが好きでした」と振り返っている。

一九六九年（昭和四四年）、九津見の「聞き書き」をまとめようとしていた牧瀬菊枝は、九津見を旅に誘った。山代も一緒だった。食事の仕度などに煩わされずに、じっくり話を聞きたいという思いからだ。美しい伊豆の山路を散策した。その時、道案内のタクシーの運転手が、どこかの老人クラブかと思ったらしく、こういった。

「みなさんは戦争中は、国防婦人会で活躍された組でしょうね」

山代たちは、こう返した。

「いいえ、私たち、戦争中、そんなことはしませんよ！」

牧瀬がこう説明した。

「この人たちは、戦争に反対した人たちですよ。戦争に反対したために、牢屋に入れられた人たちです。だからこの人たちは戦争中、国防婦人会の白いたすきをかけなかった日本中で数少ない人たちですよ」

九津見は「聞き書き」について、牧瀬にこういっていた。

「死んでからにしてくださいね。へたな歩き方をしてきましたから」

だが、近藤真柄の「回想の女友達　九津見房子」が『婦人公論』に発表され、牧瀬の本も出版されることとなった。

一九七五年（昭和五〇年）、九津見八五歳の年に『九津見房子の暦』が出版された。

その晩年

晩年の九津見は一燈子一家と暮らしながら、週に一度は琴の先生を招いて演奏を楽しんだ。その音色は年齢を感じさせない艶やかな響きだったという。老いても変わらぬ感性の持ち主だった。

この頃、九津見はこう語っている。

私の八〇年の思想を培った土壌は、まず第一にキリスト教ですね。そして私の思想の土台作りにもう一つ大きなことは、思想を抱く青年たちが身近にいたことです。私はかくあるべきものという理論よりも、自分の心の底からの願いというものに動かされて活動してきました。人道的なものの影響が一番強いでしょう。

一九八〇年（昭和五五年）夏、九津見は脳いっ血で倒れた。点滴だけで一週間、生き続けた。危篤だと聞いた生方卓さんが駆けつけた。

僕が行ったらね、もうほとんど眼も開けられない状態だった。最後に声をかけたらね、涙を流した――『あっ、気がついたんだ』って、それだけは覚えてる。

最後にクリスチャンとなった孫の声を聞いて、安らかに九津見はその人生を終えた。七月一五日、まもなく九〇歳を迎えようとした波乱の生涯だった。

（2）一燈子と坂東和子さん

『母と私』

九津見の娘一燈子はごく普通の主婦として暮らした。だがやはり九津見と同じく「人のため」に動こうとした。一燈子の娘の和子さんは語る。

何しろ、いろんな人が泊まりに来て……。

母も自分があちこち預けられたから、困ってる人、全部助けようとしたんじゃないかな。「タケヤ食堂」って言われてたんです。

「いつでも、誰でも、ご飯食べにおいで」って……。それが生きがいだった。

また和子さんが小学校の時、ＰＴＡの会長を一燈子は務めている。それがすごく嫌だったと和子さんはいう。

「私だけのお母さんでいてほしいのに、みんなのお母さんになってる」

そして主婦としての仕事を果たしながら、中国語を習ったり、リベラルな講演会を催していた「日曜クラブ」にもかかさず参加していた。

一九八四年（昭和五九年）、一燈子は山代にすすめられて『母と私——九津見房子との日々』を出版した。山代にすすめられてから、完成までは長い年月がかかった。一燈子自身、すでに七〇歳を迎えていた。『週刊朝日』にその書評が載っている。

九津見房子は、非転向を貫いた戦前の社会主義者である。（中略）苛烈な前半生にくらべると、戦後の生き方はあまりにもおだやかすぎる。それはひとつには、共産党を除名された三田村四朗とよりをもどし、一緒に暮らすようになったためでもあった。しかし彼女は一言も弁解がましいことは述べなかった。彼女が家庭人となってすごすことに批判を加える者も少なくなかった。

振幅のはげしい九津見の内面は、なかなか理解しにくかった。著者の大竹一燈子は、自身の体験を軸にして、虚心に「ミス・ソシアリスト」としての母親像を物語っている。

一燈子は「あとがき」でこう書いている。

敗戦の秋に忽然と姿を現し、以来普通のおばあさんとして対し、晩年を殊に親しくなじんだ私の子供たちは、母方の祖母、祖父の若き苦闘を殆ど知ることなく成長しました。そのために私が書き残す必要があると考えて筆をとりはじめました。

讃美歌と革命歌

一燈子は二〇一八年（平成三〇年）、和子さんと共にＮＨＫのドキュメンタリーに出演している。この番組は三章でもみたように、「治安維持法」の問題点を膨大なデータをもとに鋭く追求したものである。中でも番組の冒頭、一四歳の一燈子が拷問を受けるシーンは、心に深く突き刺さるものであった。その一燈子はこの番組の中では、一〇四歳となっており、和子さんが押す車イスに座っていた。そして耳も相当、遠くなっていた。

一燈子は今でも、ツメを切られるのを嫌がるという。和子さんはこう語る。

すごいんですよ。ツメなんか二週間に一回は切らないと……。一〇〇歳過ぎてもツメは伸びるんですよ。大変なさわぎなんです。パッと手を払って……。切ってる最中に手を払うから、こわくてしょうがない。この間も、母の指を少し切っちゃったんです。

番組の中で、和子さんが一燈子の手を優しく何度もさすっていたのが印象的であった。一四歳で受けた拷問の記憶はこんなにも体に染みついているのだ。

現在、一燈子は立川の富士山が見える老人ホームで暮らしている。娘の和子さんが、おいしい物を持って週に二回は訪れている。

ある年の冬、和子さんのＳＮＳにはこう記されていた。


　わりと暖かい陽射しだったので、毛糸の帽子、ダウン膝掛けで多摩川の土手に繰り出し母の大好きなボルシチ、ウエストのケーキ、フレンチマイルドコーヒーでピクニック。食いしん坊のお母さん。無事に年を越せますように。


そしてまた、和子さんはいう。

「この年で、まだ娘でいられるのは幸せでもありますね」

九津見から一燈子へと流れ、そして和子さんへと「優しさ」は脈々と流れ、母と娘を繋いでいた。

　一燈子は『母と私』を書いた後、もう一度、母についての本を書きたかった。そしてその本につける題名は、『讃美歌と革命歌』と決めていたという。

「汝の隣人を愛せ」という博愛的な優しさが、九津見房子を貫いて、大竹一燈子へと流れ、そして今、神楽坂の喫茶店でコーヒーカップを持つ、和子さんの手へと流れているのだ。

　静かな店内には、ボブ・ディランの『風に吹かれて』が流れていた。

おわりに

ゾルゲ事件にはさまざまな見方がある。事件発覚後は「売国奴」という烙印を押されたが、関わったのは、命を懸けて平和を求めようとした人びとであった。

特に九津見房子は、共産党が壊滅状態であった時期に、自分一人の判断でこの動きに飛び込んだのだ。その時の思いは「ただ一つの社会主義国、ソ連を守る」であった。

だが九津見の死後、一九九一年にソ連は崩壊した――彼女は果たしてどう思っているのだろうか。

やはり彼女を貫いてきたものは、この言葉に表されているのだろう。

「私はかくあるべきものという理論よりも、自分の心の底からの願いというものに動かされて活動してきました。人道的なものの影響が一番強いでしょう」

理論ではなく、「人間として」九津見房子はその人生を生きたのだ。

二〇一九年、一燈子の娘の坂東和子さんの家で、一つの古ぼけた紙の箱が見つかった。数十年間、押入の隅で時を経てきたものであった。開けてみると、それは堺真柄の大量の自筆原稿であった。読ませていただくと、途中まで書かれた「自伝」であろうと思われた。おそらく一九八三年（昭和五八年）頃、当時『母と私』を書いていた六〇代後半の一燈子に、晩年を迎えた堺真柄が続きを書いてほしい、と託したものでないだろうか。堺真柄のお葬式で、一燈子が真柄の娘さんから預かったものではないか、と和子さんは振り返る。

大正が終わろうとする一九二六年、緊迫した気持ちで三人はいた。「浜松楽器闘争」の前夜である。

――三六歳の九津見は覚悟を決めて、浜松へ向かおうとしていた。一燈子を託せるのは、堺真柄しかいない。夜行の上り列車に一二歳の一燈子を乗せた。迎える二三歳の堺真柄は努めて明るい笑顔を作ろうとしていた。

――あれから五〇年をゆうに超えている。九津見を尊敬していた堺真柄は、自伝の原稿を人生の幕を閉じようとするその時、九津見の娘の一燈子へと託したのだ。その友情と信頼は、私の心を熱くする。

九津見房子の人生を辿ってみた時、何人もの女性の姿が浮かび上がってくる。

菅野須賀子、山代巴、堺真柄……。そして人間らしく生きようとした、彼女たちの上に否応なくのしかかってきた、「大逆罪」「治安維持法」。

特に第三章でみた「治安維持法」の目的遂行罪による「茫漠性」は、山代巴を獄につないだ。

二〇二〇年夏、安倍政権は史上最長の政権となった。九月、次の政権を担うことになった菅義偉はこう断言した――「安倍政権の継承が使命である」

安倍政権のもとで二〇一七年、成立した「共謀罪法」――これまでは日本の刑法では、犯罪が実行された「既遂」の段階で処罰するのが原則であった。だがこの「共謀罪法」では、二人以上の者が犯罪をおこなうことを話し合い、同意することを「共謀」とみなし、この段階で処罰していくのだ。「未遂」や「予備」よりもはるか前の段階で、罰するというものだ。

これは「共謀」の拡大解釈につながり、どうにでも解釈できるという「茫漠性」を生んでいく。そして、「治安維持法」と同じく、政府にとって都合の悪い者を獄につなぎ、圧迫していく悪法となっていくのだ。

人間らしく生きようとする女性たち、いや全ての人たちが、圧迫される社会であってはならない。

――そこには新たな「九津見房子」が立ち上がろうとするのだ。

（完）

編集部註／作品中に一部差別用語とされている表現が含まれていますが、作品の舞台となる時代を忠実に描写するために敢えて使用しております。

参考文献

第一章

（一）『九津見房子の暦――明治社会主義からゾルゲ事件へ』牧瀬菊江　思想の科学社　一九七五　**※第一章から第五章を通じて参考**
（二）『母と私――九津見房子との日々』大竹一燈子　築地書館　一九八四
※第一章から第四章を通じて参考
（三）『妾の半生涯』福田英子　岩波文庫　一九八三
（四）『日本人の自伝　九　山川均』山川均　平凡社　一九八二
（五）『福田英子――婦人解放運動の先駆者』村田静子　岩波新書　一九九六
（六）『日本人の自伝　一〇　石川三四郎』石川三四郎　平凡社　一九八二

第二章

（一）『山川均　自伝』山川均　岩波書店　一九六一
（二）『山川菊栄・山川均　写真集』山川菊栄記念館　編　同時代社　二〇一六
（三）『おんな二代の記』山川菊栄　岩波文庫　二〇一四
（四）『覚めよ女たち――赤瀾会の人びと』江刺昭子　大月書店　一九八〇
（五）『日本共産党の研究』（一）（三）立花隆　講談社　二〇一六
（六）『わたしの回想――父、堺利彦と同時代の人びと』上・下　近藤真柄
　　ドメス出版　一九八一
（七）『丹野セツ――革命運動に生きる』山代巴・牧瀬菊江　編　勁草書房　一九六九
（八）「無産階級運動の方向転換」『山川均　全集』（四）山川均　勁草書房　一九六七
（九）『マルクスを日本で育てた人――評伝　山川均』石河康国　社会評論社　二〇一四
（十）『山宣』西口克己　新日本出版社　二〇〇九
（一一）『女工哀史』細井和喜蔵　岩波文庫　二〇一八
（一二）『太陽のない街』徳永直　岩波文庫　二〇一八

（一三）『浜松・日本楽器争議の研究』大庭伸介　五月社　一九八〇
（一四）「労働運動のなかの先駆的女性たち」『運動史研究一一』運動史研究会
三一書房　一九八三
（一五）『伝説の時代——愛と革命の二十年』寺尾とし　未来社　一九八〇

第三章

（一）『日本共産党の研究』（一）立花隆　講談社　二〇一六
（二）『蟹工船、一九二八・三・一五』小林多喜二　岩波書店　二〇〇九
（三）『暗い時代の人々』森まゆみ　亜紀書房　二〇一七
（四）『反逆の女のロマン——人物近代女性史』瀬戸内晴美　編　講談社　一九八九
（五）『山本宣治——人が輝くとき』本庄豊　学習の友社　二〇〇九
（六）『テロルの時代——山宣暗殺者・黒田保久二とその黒幕』本庄豊　群青社
二〇〇九
（七）『山本宣治　上・下巻（改訂版）』佐々木敏二　不二出版　一九九八
（八）「自由はこうして奪われた——治安維持法一〇万人の記録」ＥＴＶ特集　ＮＨＫ

二〇一八年八月一八日放送
（九）『証言 治安維持法「検挙者一〇万人の記録」が明かす真実』
NHK「ETV特集」取材班 NHK出版 二〇一九
（一〇）『松阪廣政 伝』松阪廣政伝刊行会 一九六九
（一一）『横浜事件と治安維持法』荻野富士夫 樹花舎 二〇〇六
（一二）『特高警察』荻野富士夫 岩波新書 二〇一四
（一三）『思想検事』荻野富士夫 岩波新書 二〇〇〇
（一四）『日本の暗黒 実録・特別高等警察 一』森村誠一・下里正樹・宮原一雄
新日本出版 一九九〇
（一五）『特高の回想――ある時代の証言』宮下弘 田畑書店 一九七八
（一六）『弾圧の歴史』塩田庄兵衛 労働旬報社 一九六五
（一七）『多喜二の時代から見えてくるもの――治安体制に抗して』荻野富士夫
新日本出版 二〇〇九
（一八）『たたかいの作家同盟記』江口渙 新日本出版社 一九六八

第四章

（一）「わたしの見たこと、会ったひと」大竹一燈子『沓谷だより』一六号
大杉らの墓前祭実行委員会　二〇〇〇
（二）ＤＶＤ『女たちの証言――労働運動のなかの先駆的女性たち』羽田澄子　彼方舎
一九九六
（三）座談会「労働運動のなかの先駆的女性たち」『運動史研究　一一』運動史研究会
三一書房　一九八三
（四）『日本共産党の研究』（二）立花隆　講談社　二〇一六
（五）『改造』一九三三年九月号　改造社
（六）『ゾルゲ事件――覆された神話』加藤哲郎　平凡社　二〇一四
（七）『現代史資料　ゾルゲ事件（一）～（三）』みすず書房　一九六二
（八）『生きているユダ――ゾルゲ事件　わが戦後への証言』尾崎秀樹　新人物往来社
一九八〇
（九）『偽りの烙印――伊藤律・スパイ説の崩壊』渡部富哉　五月書房　一九九三
（一〇）「ロイと呼ばれた男の正体」渡部富哉『諸君』文芸春秋　一九九八年七月号

（一一）『宮城与徳――移民青年画家の光と影』野本一平　沖縄タイムス社　一九九八

第五章

（一）『ゾルゲ追跡』上・下　F・W・ディーキン　河合秀和　訳　岩波書店　二〇〇三
（二）『国際スパイ　ゾルゲの真実』NHK取材班　角川書店　一九九二
（三）『汚名――ゾルゲ事件と北海道人』平澤是曠　道新選書　一九八七
（四）『思い出す人びと』安田徳太郎　青土社　一九七六
（五）『尾崎秀実とゾルゲ事件』太田尚樹　吉川弘文館　二〇一六
（六）『新編　愛情はふる星のごとく』尾崎秀実　岩波現代文庫　二〇〇三
（七）『囚われの女たち　第九部　――火の文字を仰いで』山代巴　径書房　一九八五

第六章

（一）「娘　慈雨子との往復書翰」『高田集蔵往復書翰集』第二輯　高田集蔵
高田集蔵著書刊行会　一九七七

（二）『田中ウタ――ある無名戦士の墓標』牧瀬菊枝　未来社　一九七六
（三）「さきがけて咲いた花――九津見房子と山川均」井上久仁子『髙梁川』第七〇号
　　高梁川流域連盟　二〇一二
（四）『毎日新聞』一九八一年二月二八日号
（五）『週刊　新潮』一九八〇年七月三一日号
（六）『週刊　朝日』一九八四年九月二一日号

『評伝 九津見房子〜凜として生きて』に寄せて

女性史研究者　鈴木 裕子

本書は、岡山出身の社会主義者、九津見房子の評伝である。一八九〇年に生まれ、一九八〇年に亡くなった九津見房子の新しい評伝である。折りしも二〇二〇年は九津見房子生誕一三〇年没後四〇年であった。

本書の主人公はもう一人いる。九津見房子の長女、大竹一燈子《ひとこ》さんである。わたくしは、房子の名前は馴染みだが、実際にお目にかかってはいない。大竹さんとは、大竹さんの六〇〜八〇歳代にかけ、よくお目にかかった。当時、わたくしは、石堂《いしどう》清倫《きよとも》氏が代表の運動史研究会で大竹さんとご一緒する機会が多かった。石堂氏が企画された「座談会・労働運動のなかの先駆的女性たち」を、八二年六月、鍋山歌子さん宅で持たれた。かつて左派労働運動や、共産党の運動に携わった山内みな、丹野セツ、鍋山歌子、福永操、大竹一燈子さんが出席。オブザーバーとして澤地久枝、牧瀬菊枝さん、石堂氏の指名により、司会者としてわたくしが参加した。

この座談会は、石堂さんの知り合いであった記録映像作家の羽田澄子さんが撮影されていた。座談会は六時間余にわたった。その後、羽田さんが、大幅に追加の取材を重ね、映像を撮り、それを削除・編集して九六年にいたり、映画『女たちの証言』が完成された。この折は、大竹さんと席を共にすることも多かった。羽田さんに依頼され、わたくしはこの映画の監修者を務めた。映画上映時、ご健在であったのが、石堂・大竹・鍋山、澤地氏くらいで、大部分が鬼籍に入られた。

大竹さんと知り合い始めた頃、少し辛辣な物言いをされたことがある。当時のわたくしは若く、配慮にかけることがあった。どなたかに頼まれて大竹さんを紹介したことがある。大竹さんいわく、「そういう時は、相手の都合を聞いてから紹介するものですよ」という類の諫言であった。注意はもっともだった。それからは大竹さんともっと親しくなった。大竹さんが『母と私――九津見房子との日々』を一九八四年に出されたとき、出版記念会が東京・家の光会館で開かれ、知人の大庭伸介さんと一緒に司会を務めた。和服姿が素敵に似合う大竹さんの写真が手元にある。見るからに理知的な賢明なお顔立ちであられた。お姿も美しかった。大竹さんはお話が上手で、北海道で検挙されたときのことや、麻布での床屋時代、戦時中の疎開などについて、リアルに話していただいた。

九津見さんが社会主義に目覚めた頃、同郷の山川均に出会った。九津見さんにとって、均さんは「白馬にまたがった王子さま」という表現で語れるくらい、憧れの対象であった。しかし、均さんにはすでに大須賀さと子がいた。さと子が病死後、均さんは、青山菊栄を知り、一六年に結婚。菊栄は、奇しくも房子と同年に生まれ、同年に亡くなった。

大竹さんは九津見房子の娘として苦労されたのは並大抵でなかったろう。が、そういうことには一言も触れず、たんたんと語られる。その観察眼は鋭かった。しかし、あくまで庶民・生活感覚を持し、賢明に生きられたご生涯であった。

大竹さんは、晩年に至るまで、知識を貪欲に求められた。石堂清倫先生のお話を聞くために、「追っかけ」になられ、少しでも吸収されようとした。石堂氏は稀代の知識人・思索家で考えの深い方であられた。大竹さんをめぐり、多くの方がたとの縁を感じる。堺利彦・真柄父娘とも、縁が深い。この時の出版記念会での大竹さんの「真柄さんがいてくれたら」という一言が強く耳に残っている。真柄さんは一九八三年三月に亡くなられた。

このたびの堀さんのご本は、房子、一燈子という母娘の人物像が探られ、背景も適切に説明され、読みやすく書かれている。日本の社会主義女性運動、共産党運動のなかでの女性たちの存在が伺われ、まことに興味深い一書である。多くの方がたに読まれることを祈っている。

すずき・ゆうこ　早稲田大学文学学術院元教員。早稲田大学ジェンダー研究所招聘研究員。
『水平線をめざす女たち』『女性史を拓く　1・2』『資料　平民社の女たち』『女性=反逆と革命と抵抗と』など 著書・編著 多数。

あとがき

ようやくこの原稿を書き終え、富士山の見える老人ホームを訪れることができる日を楽しみにしていた頃だった。一燈子さんの枕元に何としてもこの本を届けたかったのだ。だが二〇二〇年八月二一日、一燈子さんは静かに一〇六歳の生涯を閉じたのだった。
娘の和子さんはこう語る。「家族は勿論、三人の子供たちの友人、近所の人たちがいつも母の手料理を食べに集まってくる食堂のようだった。まさに名前の如く、一燈さん」

この本は、女性史研究家の鈴木裕子先生なしには書き上げることはできなかった。九津見房子のお孫さんが、生方卓さんであることはわかったものの、どうしてもその連絡先がわからなかった。その時にご尽力いただいたのが、鈴木先生であった。そして奇しくも、拙著の執筆と同時期、鈴木先生も長年研究されてきた山川菊栄の作品を執筆されていたのだ。『忘れられた思想家　山川菊栄―フェミニズム思想と戦時下抵抗の思想』という七〇〇頁を超える大著がまもなく上梓される予定である。

同じ年に生まれ、同じ年に亡くなった二人の女性社会主義者——山川は思想に生き、そして九津見は行動に生きた。その二人の没後、四〇年を経た現代の令和の世に、この二冊の本が出版されるのは大きな意味を持つのではないか、と思われる。

そして何よりも、この本を生きたものにしていただけたのは、生方卓さん、坂東和子さんとの出会いである。お二人の柔らかなそして温かい人柄に、深い感謝を捧げたいと思います。

二〇二〇年一〇月

堀　和恵

【著者紹介】

堀　和恵（ほり　かずえ）
大阪市に生まれる。
中学校に勤め、社会科を教える。
その後、近現代史を中心に執筆活動にはいる。
著書　評伝　管野須賀子　―火のように生きて―（郁朋社）
　　　『この世界の片隅』を生きる　―広島の女たち―（郁朋社）

評伝《ひょうでん》　九津見房子《くつみふさこ》　――凛《りん》として生《い》きて――

2021年1月18日　第1刷発行

著　者 ― 堀《ほり》　和恵《かずえ》

発行者 ― 佐藤　聡

発行所 ― 株式会社 郁朋社《いくほうしゃ》

〒101-0061　東京都千代田区神田三崎町2-20-4
電　話　03（3234）8923（代表）
ＦＡＸ　03（3234）3948
振　替　00160-5-100328

印刷・製本 ― 日本ハイコム株式会社

装　丁 ― 宮田　麻希

落丁、乱丁本はお取り替え致します。

郁朋社ホームページアドレス　http://www.ikuhousha.com
この本に関するご意見・ご感想をメールでお寄せいただく際は、
comment@ikuhousha.com までお願い致します。

 ISBN978-4-87302-728-9 C0095